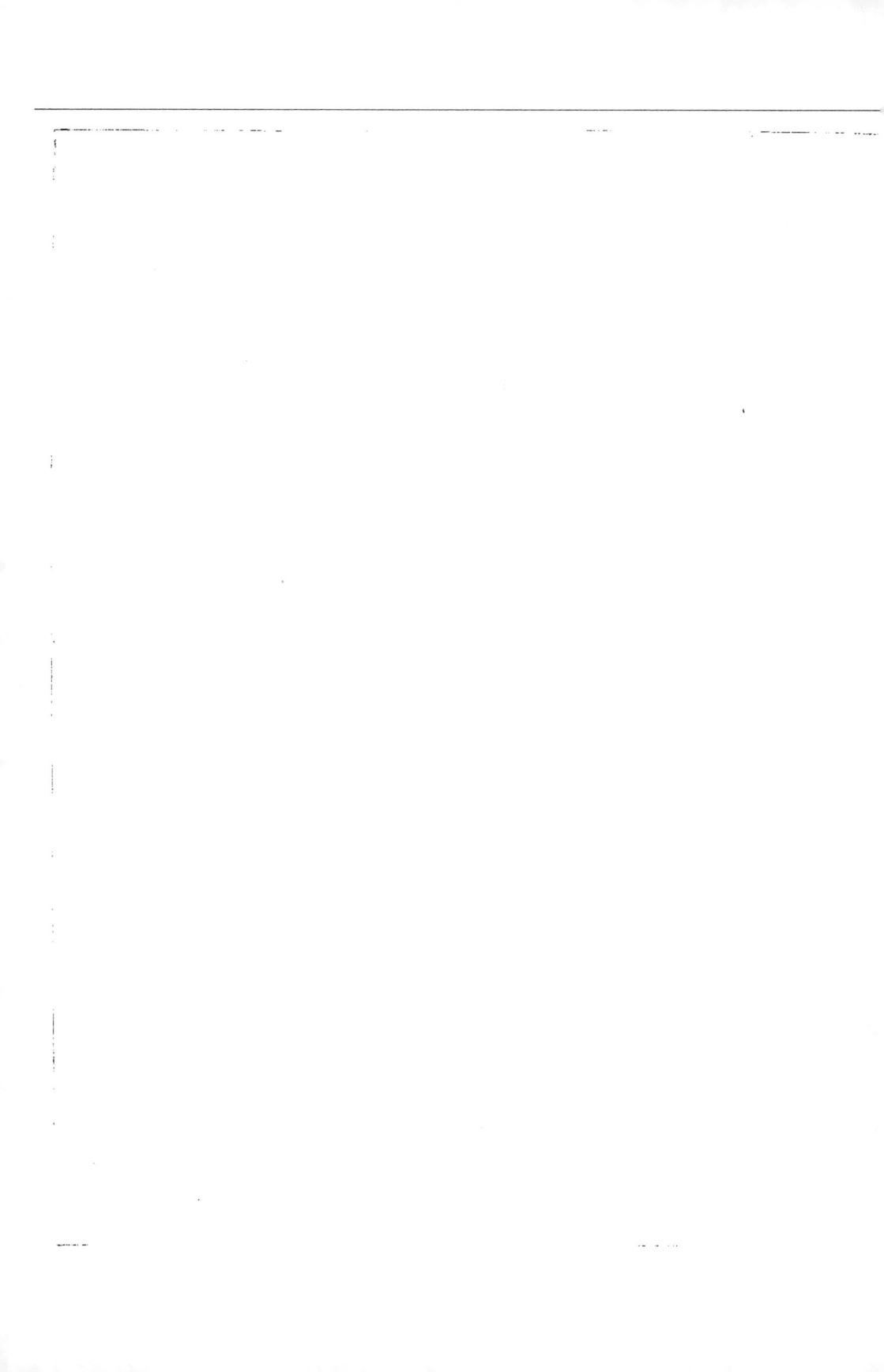

TRAITÉ

DE

LA LÉGISLATION CRIMINELLE

EN FRANCE.

TOME PREMIER.

TRAITÉ

DE

LA LÉGISLATION CRIMINELLE

EN FRANCE,

DÉDIÉ

A SA GRANDEUR MONSEIGNEUR DAMBRAY,

CHANCELIER DE FRANCE;

PAR J. M. LE GRAVEREND,

CHEVALIER DE L'ORDRE ROYAL DE LA LÉGION D'HONNEUR, AVOCAT À LA COUR ROYALE DE PARIS, ANCIEN CENSEUR ROYAL, DIRECTEUR DES AFFAIRES CRIMINELLES ET DES GRÂCES AU MINISTÈRE DE LA JUSTICE, AUTEUR DU TRAITÉ DE LA PROCÉDURE CRIMINELLE DEVANT LES TRIBUNAUX MILITAIRES ET MARITIMES DE TOUTE ESPÈCE, &c.

TOME PREMIER.

A PARIS,
DE L'IMPRIMERIE ROYALE.

SE VEND À PARIS,

Chez L'AUTEUR, rue de Grenelle, faubourg St.-Germain, n.º 52; et chez DÉTERVILLE, Libraire, rue Hautefeuille, n.º 8.

1816.

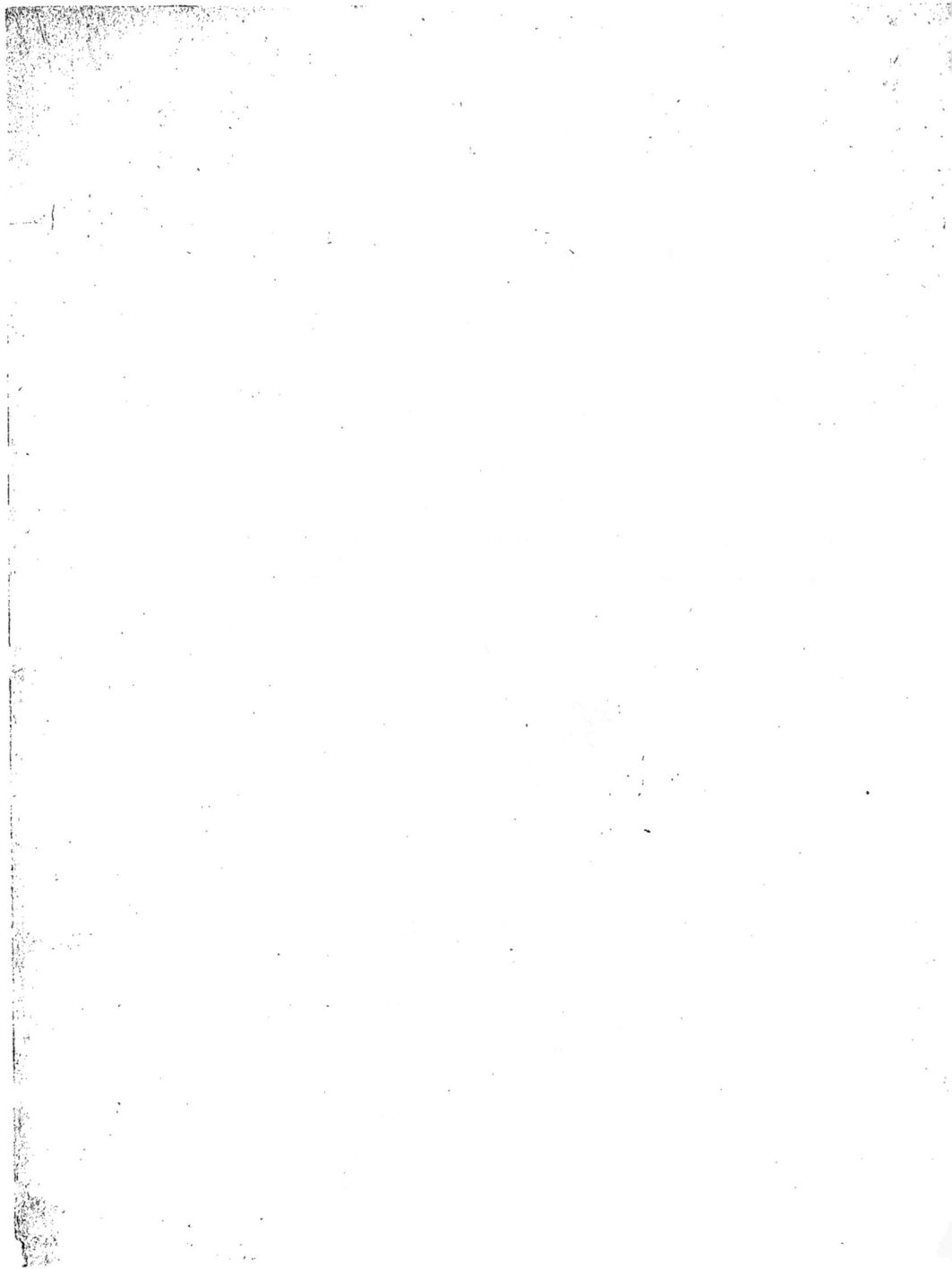

A Monseigneur Dambray,

Chancelier de France, Chevalier, Chancelier Garde des sceaux et Surintendant des finances des Ordres de Saint-Michel et du Saint-Esprit, Président de la Chambre des Pairs, etc. etc. etc.

Monseigneur,

Votre Grandeur, en me permettant de publier cet ouvrage sous ses auspices, accorde d'avance à mes travaux le prix le plus doux et le plus honorable que je puisse jamais en recevoir. Comblé par Elle des témoignages continuels de sa bienveillance, dépositaire de sa confiance, heureux et fieu de jouir de son estime, et sûr de la mériter toujours, je n'aurais cependant pas eu l'espoir d'obtenir cette nouvelle et insigne faveur, si, témoin de ses manières affables et de ses mœurs patriarcales, apanage de l'ancienne magistrature et qualités héréditaires dans sa famille, je n'avais appris auprès d'Elle que la bonté la plus indulgente peut s'allier avec l'austérité des fonctions du ministère.

Mon Traité de la Législation criminelle en France est le fruit de longues études et de plusieurs années d'un travail assidu. Si j'ai l'avantage d'avoir réuni sous un plan méthodique et raisonné des notions éparses dans une foule de lois et dans la jurisprudence des Cours souveraines, je sais trop qu'une entreprise de cette nature, pour être heureusement terminée, et sur-tout pour être digne du suffrage du public et de l'appui de Votre Grandeur, demandait une réunion de moyens qu'il ne dépendait pas de moi d'apporter à l'exécution. Mais le desir d'être utile a dirigé ma plume, excité mon zèle et soutenu mon courage dans l'accomplissement de la tâche que je me suis imposée ; et puisque Votre Grandeur n'a rien exigé de plus pour protéger mes efforts de l'éclat de sa dignité et de l'éclat de la considération personnelle qui l'environne à si juste titre, au lieu d'exprimer mes regrets sur mon insuffisance, je ne puis que m'abandonner aux sentimens de la reconnaissance dont je suis si vivement pénétré, et vous supplier d'en agréer la faible et très-faible expression, ainsi que l'hommage du profond respect avec lequel je suis,

Monseigneur,

De Votre Grandeur,

ERRATA.

Page 192, dernier alinéa, troisième et quatrième lignes, au lieu de *en matière de douanes, de droits réunis et de timbre,* lisez *en matière de douanes et de droits réunis ou contributions indirectes.*

Page 386, suite de la note 4 de la page précédente, lignes 9 et 10, au lieu de *Delamarre, Lois criminelles,* lisez *Delamarre, Traité de la police.*

Même note, ligne 17, au lieu de *l'ordonnance de François I.er,* lisez *de Philippe-le-Bel.*

Page 454, note 3, au lieu de *l'art. 52,* lisez *l'art. 34.*

Je crois devoir faire observer, une fois pour toutes, que les lois étant inscrites dans les diverses collections, ainsi que les décrets et les arrêts, sous les dates du calendrier révolutionnaire, j'ai dû employer ces dates dans mon ouvrage.

INTRODUCTION.

PARMI les sciences qui forment le domaine de l'esprit humain, la science de la législation tient sans contredit le premier rang, comme la plus nécessaire aux hommes : c'est par elle que les sociétés sont fondées, affermies, perpétuées ; c'est par elle que la prospérité publique est assurée, que le bonheur des individus est établi sur des bases immuables.

Reportons nos regards dans la plus haute antiquité : nous voyons chez toutes les nations les législateurs entourés de l'amour et de la vénération des peuples ; l'admiration leur décerne des couronnes ; la reconnaissance leur élève des autels : ils marchent les égaux des rois ; et leurs noms, transmis d'âge en âge à travers la confusion et l'obscurité des siècles, s'offrent à nous environnés d'une auréole de gloire, consacrés en quelque sorte comme un objet de culte, et parviendront jusqu'à nos derniers neveux, garantis par cette puissante égide.

Sur la terre classique de la Grèce, on ne retrouve que difficilement les lieux illustrés par les récits et peut-être par les fables d'Homère ; l'œil de l'observateur peut à peine assigner les lieux qui formaient l'enceinte d'Athènes et de Sparte, que comprenait le territoire de Crète : mais les sages qui donnèrent des lois à ces villes, à ces états, vivent tout entiers dans notre mémoire, et leurs lois même ne sont pas oubliées.

Rome antique, si féconde en sujets de méditation, et dont l'immense grandeur n'existe qu'en souvenirs, Rome n'offre plus que des ruines et des débris ; sa célébrité, éparse dans l'univers, a besoin d'être, pour ainsi dire, exhumée et reproduite au jour, et cette reine orgueilleuse du monde est réduite à invoquer sur les monumens de son ancienne splendeur le témoignage du savant antiquaire : mais sa gloire se retrouve intacte dans ses codes immortels ; les noms de ses grands hommes et de ses empereurs se trouvent liés à des

A

préceptes dont la durée doit être éternelle comme celle de la vérité;
et lorsque la faux du temps ne respecte ni les statues, ni les
temples, ni les colonnes, qui semblaient devoir affronter les siècles,
les bonnes lois, monumens indestructibles, portent à la postérité
la plus reculée les noms glorieux de ceux qui les conçurent, qui en
enrichirent les nations, qui en dotèrent l'espèce humaine (1).

Nous remarquons aussi, chez les peuples modernes, que les souverains qui ont laissé des souvenirs plus durables, sont presque
toujours ceux dont le règne a été signalé par de beaux monumens
de législation, ou par des tentatives honorables pour la réforme et
le perfectionnement des lois.

L'Angleterre, dont la législation fut et sera peut-être encore
long-temps, sous quelques rapports, un objet d'envie pour la
plupart des autres nations de l'Europe qu'elle a devancées à cet
égard (2), l'Angleterre ne prononce le nom d'Alfred qu'avec un

---

(1) Les lois romaines, que toutes les nations interrogent encore à présent, et dont
chacune reçoit des réponses d'une éternelle vérité, ces lois sont aussi étendues que
durables. *(Voyez d'Aguesseau, tome I.er, page 157, Mercuriale sur la science du
magistrat.)*

(2) L'institution du jury, appliquée aux affaires civiles comme aux affaires criminelles,
est sur-tout ce qui distingue la législation anglaise de celle des autres peuples, et même
de la législation française, qui, en introduisant ou plutôt en rétablissant chez nous le
jury depuis quelques années, ne l'a admis qu'en matière criminelle. Ce n'est, au reste,
que sous ce dernier rapport que nous considérons la législation anglaise. Notre intention n'est point d'en donner une analyse; nous n'en dirons seulement que quelques
mots qui trouveront ici leur place naturelle.

On exige l'unanimité pour le verdict *[verè dictum]*; si l'unanimité ne se forme pas,
les jurés, que les juges ont le droit d'emmener avec eux dans leur tournée, peuvent
se dispenser de leur détention, en faisant un rapport particulier au juge hors de la
cour, lorsqu'ils en obtiennent la permission : mais ce verdict privé n'a aucune valeur,
à moins qu'il ne soit affirmé par un verdict public ; les jurés peuvent même s'en
écarter dans leur verdict public. Cette pratique (comme le remarque Blackstone lui-
même) est d'autant plus dangereuse, qu'elle donne aux parties le temps de solliciter
les jurés : aussi en permet-on rarement l'usage. (Blackstone, chap. *du Jugement par
jurés.*)

Par la constitution anglaise, la justice doit s'y administrer avec indulgence; le Roi
le promet avec serment à son couronnement, et cet acte d'autorité lui est le plus
personnel et entièrement propre. Le Roi ne condamne personne par lui-même; il laisse
ce soin à ses cours de justice : lui seul use du droit de pardonner.

Cependant les lois anglaises sont extrêmement sévères en beaucoup de cas ; elles
prononcent la confiscation des biens des coupables dans une foule de circonstances; et
cette peine devrait être bannie du code pénal de toutes les nations policées.

Il paraît aussi qu'en Angleterre les amendes prononcées par les cours de justice entraînent
la contrainte par corps *illimitée*, puisqu'en parlant du jugement et de ses conséquences,

attendrissement mêlé de respect : elle le regarde comme son législateur, comme son bienfaiteur ; et c'est au nom de ce prince, si
justement décoré du nom de *Grand*, qu'elle se plaît à rattacher
tout ce que ses lois offrent de généreux et d'utile.

Edgar, et Édouard son petit-fils (1), dont l'un eut la pensée de
rassembler toutes les lois anglaises pour en former un seul corps,
et dont l'autre exécuta cette grande entreprise, sont considérés
comme les nobles continuateurs d'Alfred.

Depuis l'invasion de l'Angleterre par les Normands, événement
qui changea entièrement l'état politique et la législation de ce pays,
Édouard I.er mérita d'être appelé le Justinien des Anglais ; et sa
gloire ne sera point ternie, puisque le peuple qu'il gouverna, se plut
à proclamer que, pendant le peu d'années que dura son règne, il avait

---

Blackstone dit qu'il est plus juste et plus humain d'imposer un emprisonnement déterminé
qu'une amende excessive au-dessus des facultés du condamné; *car elle équivaut à un
emprisonnement pour la vie.*

D'un autre côté, Montesquieu, en parlant des lois anglaises contre ceux qui professent
la religion proscrite, dit qu'elles sont si rigoureuses, quoique non absolument sangui-
naires, qu'elles font tout le mal qui se peut faire de sang-froid. Blackstone dit qu'effec-
tivement, si l'on tenait exactement la main à leur exécution, il serait difficile de les
justifier ; mais qu'on ne les suit pas rigoureusement. (Blackstone, chapitre I.er, *des
Offenses envers Dieu et la religion.*) Cette observation de Blackstone justifie mal la législation anglaise. Les lois doivent être observées ; c'est un vice dans la législation, si elles
sont trop rigoureuses pour qu'on les exécute.

Enfin les auteurs anglais s'indignent, avec raison, de l'usage barbare qui a maintenu
si long-temps la torture en France, et des étranges motifs qu'on donnait à cet usage.

Mais le jugement de *penance* (ou de pénitence), que les lois anglaises rendent contre
le silence que gardent les criminels, est mille fois plus horrible et plus absurde ; il
consiste en ce qui suit : le prisonnier est renvoyé dans la prison d'où il est venu ; il est
mis dans une chambre basse et obscure, et là on le fait coucher par terre, sur le dos
et tout nu, à l'exception des parties du corps que la décence veut qu'on tienne cachées ;
on lui met sur le corps un poids de fer aussi lourd et même plus lourd qu'il n'est
capable de porter ; on le laisse sans subsistance, à la réserve du premier jour seulement qu'on lui donne trois morceaux du plus mauvais pain, et le second jour trois
verres d'eau croupissante ; et dans cette situation, telle doit être alternativement sa
nourriture jusqu'à ce qu'il expire (quoiqu'anciennement ce fût jusqu'à ce qu'il répondît) ;
et ceux qui ne veulent pas se soumettre aux enquêtes de félonie par-devant les juges à la
requête du Roi, doivent être mis *dans la prison forte et dure*, comme ceux qui refusent
de se soumettre à la coutume du pays. (Blackstone, chapitre *de l'Ajournement au criminel.*) Il est vrai que Blackstone dit qu'à la gloire des Anglais cette affreuse procédure
est rarement suivie, et il en demande l'abolition. Le poids dont on charge le patient, est,
dit le commentateur, un acte d'humanité, parce que, sans cela, il pourrait vivre quarante
jours dans cette horrible situation.

(1) Édouard dit le Confesseur.

plus fait en faveur de la justice distributive que tout le reste des Rois ensemble (1).

Élisabeth avait trop blessé l'amour-propre anglais pour qu'on lui eût pardonné l'exercice du pouvoir arbitraire, malgré le bon usage qu'elle en fit, si l'administration de la justice n'eût été un des principaux objets de ses pensées et de ses soins (2).

L'expérience a déjà prouvé que le Code prussien repose sur des bases plus solides que la colonne de Rosbac; et le grand Frédéric, en donnant son nom à ce code, qui fut commencé par ses ordres et achevé par son successeur, a marqué sa place dans l'histoire d'une manière non moins glorieuse et plus sûre que par l'éclat de ses armes et de ses conquêtes (3).

---

(1) Voyez le *Commentaire sur les lois anglaises*, par Blackstone.

(2) Voyez *ibid.*

(3) Le Code prussien, devenu ouvrage français par les soins de M. Emmanuel Brosselard, avocat distingué, connu dans les lettres par une excellente traduction des *Offices de Cicéron*, embrasse toutes les branches de la constitution politique, civile, commerciale et criminelle.

Les droits et les devoirs des souverains y sont tracés.

Ce code, à cause de la conservation des coutumes, est plutôt, il est vrai, une pierre d'attente pour la législation qu'un corps de lois obligatoires. On voit que le monarque transige avec des idées qu'il n'a pas cru pouvoir détruire subitement : cela se remarque sur-tout en ce qui concerne les paysans et les droits féodaux.

Ce code, précédé d'une introduction qui exprime des principes généraux, est divisé en deux parties : la première comprend vingt-trois titres; la seconde, vingt.

Toute la première partie est étrangère à l'objet de cet ouvrage; le dernier titre ou chapitre de la deuxième partie traite des délits et de la manière de les punir.

Des peines y sont décernées contre les juges qui manquent à leurs devoirs, contre ceux qui retiennent un prévenu en prison sans l'entendre dans les quarante-huit heures; et les peines sont augmentées lorsque le juge prolonge sa négligence, ou manifeste des intentions coupables (art. 366, 381, 383 *et suiv.* du chapitre XX).

Les atteintes à la liberté y sont réprimées, ainsi que la violation de domicile, et les citoyens sont même autorisés à s'y opposer (art. 525, 528 *et suiv.*, 1073 *et suiv.* du titre XX).

La contrebande, la banqueroute, les taxations exagérées ou les perceptions infidèles, font l'objet de dispositions spéciales (art. 285 *et suiv.* jusqu'à 313 ; art. 413, 1254 *et suiv.* du titre XX).

Ce chapitre porte aussi des peines contre les imputations imaginaires (art. 1431 *et suiv.*), contre les provocations à la mésintelligence entre les parens et les époux, et contre les captations d'hérédité (art. 1308 et 1309), et des dispositions très-sages sur les moyens de prévenir les infanticides sans flétrir les filles-mères dans l'opinion (art. 887 à 991).

Ce code, remarquable par la précision des termes dans tout ce qui est de doctrine et

Dans le Nord, Pierre entreprend, il y a un siècle, de policer ses peuples; et cette grande entreprise est couronnée du succès. Des lois sont substituées à des coutumes barbares : elles sont, pour des hommes grossiers, un bienfait inappréciable ; et, malgré leur incohérence, elles attestent le génie d'un grand homme.

Héritière de l'empire des czars, Catherine-la-Grande ne tarde pas à perfectionner cet ouvrage incomplet ; elle veut que chaque partie d'administration soit soumise à une législation régulière ; le système des lois criminelles et pénales est sur-tout l'objet de sa sollicitude : elle rédige elle-même, ou du moins elle fait rédiger sous ses yeux, des instructions pour diriger le travail et les opérations des commissaires qu'elle a choisis ; et ces instructions sont fondées sur les maximes les plus saines et sur les principes les plus justes (1).

---

de droit, est, en général, conçu et rédigé dans un esprit de tolérance, de sagesse, de modération et de philanthropie fort remarquable ; on peut regretter sans doute d'y trouver la peine de la roue; on doit sur-tout regarder comme beaucoup trop rigoureuse et comme injuste la peine de la confiscation prononcée contre la femme d'un déserteur qui favorise la désertion de son mari : mais on ne peut être étonné qu'un monarque aussi belliqueux que Frédéric crût devoir punir sévèrement tout ce qui tendait à désorganiser ses armées; et si l'on compare à cette disposition du Code prussien les lois et les décrets qui ont été en vigueur en France contre les conscrits réfractaires, contre leurs pères et leurs parens, et sur-tout les mesures employées par les agens d'exécution, ce n'est pas au Code prussien que pourront s'adresser les reproches de sévérité.

(1) Dans l'instruction de S. M. I. l'impératrice Catherine II pour la commission chargée de dresser le projet d'un nouveau code de lois (*Saint - Pétersbourg, de l'imprimerie de l'académie des sciences, 1769)*, on remarque une foule de dispositions qui méritent d'être citées ; et quoique les écrits de Montesquieu, de Beccaria, &c., eussent déjà rendu familiers la plupart des principes que cette instruction rappelle, la gloire de la reine puissante qui en prescrivit l'application, n'en est pas moins entière.

Il ne faut défendre par les lois rien que ce qui peut être nuisible à chacun en particulier ou à la société en général (chap. VI, art. 41).

C'est à la législation à suivre l'esprit de la nation (art. 57 *ibid.*).

Il y a des moyens pour empêcher les crimes, ce sont les peines: il y en a pour faire changer les coutumes, ce sont les exemples (art. 61 *ibid.*).

C'est le triomphe de la liberté civile, lorsque les lois criminelles tirent chaque peine de la nature particulière de chaque crime. Alors tout l'arbitraire cesse : la peine ne descend point du caprice du législateur, mais de la nature de la chose ; et ce n'est point l'homme qui fait violence à l'homme, mais la propre action de l'homme (chap. VII, art. 67).

(*Nota.* Ce chapitre range les crimes en quatre classes, contre la religion, les mœurs, le repos et la tranquillité, la sûreté des citoyens, et indique la nature des peines applicables.)

La question est un usage qui répugne à la raison, et que l'humanité exige qu'on abolisse (art. 123 *ibid.*).

Les juges et les tribunaux, n'étant que partie de la société, ne peuvent avec justice,

Catherine put jouir de son propre ouvrage : mais l'influence et les résultats de ses travaux sont incalculables sous le règne d'un prince qui s'entoure sur le trône d'idées généreuses, qui encourage et cultive les lettres, les sciences et les arts, qui sait allier la fermeté à la prudence, qui sait exercer dans leur plénitude les droits de la souveraineté sans violer ceux de ses sujets (1), et dont le noble caractère doit chercher à asseoir le bonheur de ses peuples sur une législation forte et libérale.

Joseph II s'occupa spécialement de la législation; son réglement provisionnel publié en 1787 pour les États autrichiens, est un monument de sagesse et de philantropie. Il abolit la peine de mort dans ses états. Les actions, les écrits et les paroles de ce monarque, le peignent tout entier. « Si toute fonction publique demande une ame enflammée, passionnée pour le bien de l'État, un renoncement entier à soi-même, ces qualités, écrivait-il aux divers fonctionnaires et aux administrateurs de son Empire, ces qualités doivent sur-tout distinguer les magistrats chargés de la poursuite et de la répression des délits; et parmi ces magistrats, elles doivent encore plus particulièrement être le partage de ceux auxquels est remis le précieux et auguste dépôt du ministère public (2) »; instruction sublime et bien digne de celui qui disait quelques années auparavant (3) :

pas même sous prétexte du bien public, infliger à un autre membre de la société une peine qui n'est pas décernée par la loi (art. 148 *ibid.*).

Quand l'atrocité des peines ne serait pas réprouvée par les vertus compatissantes pour l'humanité, c'est assez qu'elle soit inutile pour pouvoir être regardée comme injuste et pour qu'on doive la rejeter (art. 150 *ibid.*).

Avec des lois pénales, entendues toujours à la lettre, chacun peut calculer et connaître exactement les inconvéniens d'une mauvaise action, ce qui est utile pour l'en détourner; et les hommes jouissent de la sûreté de leurs personnes et de leurs biens, ce qui est juste, puisque c'est la fin sans laquelle la société se détruirait (art. 156 *ibid.*).

Les lois doivent être écrites en langue vulgaire; et le code qui les renferme toutes, doit devenir un livre familier (art. 157 *ibid.*).

La punition doit être prompte, analogue au crime et publique (art. 220 *ibid.*).

Plus la peine sera prompte et voisine du délit, plus elle sera juste et utile (art. 221 *ibid.*).

Dans toute l'étendue d'un État, il ne doit y avoir aucun lieu indépendant des lois (art. 224 *ibid.*).

(1) *Voyez* la nouvelle constitution donnée à la Pologne par l'empereur Alexandre.

(2) Lettre écrite par Joseph II en 1784 à tous les conseils, dicastères, sénats, tribunaux, gouverneurs, commandans, ministres, présidens et chefs de l'administration civile et militaire de ses états.

(3) Le 8 août 1777.

« Je ne veux de gloire que celle de l'administrateur, et ne connais de bonheur que celui de mes peuples (1). »

Le code criminel et pénal qui fut donné à la Toscane le 30 novembre 1786, remplit de la manière la plus glorieuse une des pages de l'histoire du grand-duc Léopold (2) ; le seul éloge vraiment digne d'un prince, le seul qui survive à tout, c'est le simple récit des bienfaits qu'il répandit sur ses peuples.

Après avoir payé ce tribut d'éloges à quelques souverains étrangers, qui presque tous ont vécu dans le dernier siècle, et ont concouru, par la sagesse de leurs lois et de leur administration, à répandre dans l'Europe cette vive lumière qui semble garantir désormais aux peuples les fruits d'une civilisation plus parfaite, interrogeons nos propres annales.

Les capitulaires de Charlemagne, les établissemens de S. Louis, les ordonnances de Louis XIV, sont des titres de gloire qu'on n'a point contestés ni diversement jugés dans la vie de ces grands princes. Leurs règnes forment ainsi, sous ce rapport, trois grandes époques dans la monarchie française, et la quatrième époque est

(1) La politique de Charles-Quint n'est point à l'abri de la critique ; mais ce trop heureux rival du noble François I.er régit encore une partie de l'Allemagne et de la Suisse, et y réprime les excès et les crimes par la force de cette loi qui porte son nom, de la *Caroline*, qui, trop sévère sans doute pour un siècle de lumières, offre du moins un code criminel complet, une classification des délits et des peines, et dut exciter la reconnaissance des peuples, au moment où elle fut publiée.

La *Caroline*, ou Code criminel de Charles-Quint, est un édit qui renferme plusieurs décrets faits par cet empereur dans la diète de Hambourg, en 1530, et dans celle de Ratisbonne, en 1532, sur les instances et avec l'approbation des États de l'Empire, pour réformer plusieurs abus qui s'étaient glissés dans l'administration de la justice criminelle.

La *Caroline* a servi de type aux lois criminelles de la Suisse.

Cette loi est, en général, regardée, avec raison, comme étant d'une rigueur excessive.

Mais on y lit avec intérêt un article qui modifie la rigueur de la loi lorsque le coupable est âgé de moins de quatorze ans (art. 164), et sur-tout un autre article qui avait pour objet de réprimer les arrestations arbitraires.

. . . . « C'est encore un abus lorsque la justice fait arrêter trop légérement des » personnes d'une condition honnête, sans être assurée auparavant de leur mauvais » renom et des indices suffisans, et que, sur ces arrêts, elle procède précipitamment et sans » réflexion; en sorte que la personne arrêtée ne peut que souffrir du côté de son honneur » (art. 218 et pénultième).

(2) *Voyez* l'ordonnance publiée à Pise par le grand-duc Léopold, sous le titre de *Riforma della legislazione Toscana*.

marquée par cette révolution qui causa tant de déplacemens, tant de désastres, mais qui a propagé dans l'Europe des idées nouvelles, a fait sentir par-tout le besoin d'institutions analogues et la nécessité d'un gouvernement représentatif, et qui, après vingt-cinq ans d'orages et de troubles, a procuré à la France, pour la consoler de ses déchiremens et en réparer les tristes effets, une constitution sage et protectrice, digne ouvrage d'un Souverain éprouvé par de longs malheurs, et qui doit être, comme il l'a proclamé lui-même, son plus beau titre aux yeux de la postérité (1).

Les lois suivent et constatent le progrès des lumières. La législation est véritablement l'histoire morale des peuples. Avant d'arriver à un état de perfectionnement, il faut avoir traversé des siècles d'ignorance; quelquefois même un grand pas vers l'amélioration est précédé d'une marche rétrograde. Parcourons rapidement les vicissitudes de la législation française; et, pour mieux apprécier le bien dont nous jouissons, remontons par la pensée vers le point d'où nous sommes partis, en fixant particulièrement notre attention sur les changemens les plus remarquables.

Il reste peu de notions sur le droit qui était en vigueur chez les anciens Gaulois avant l'occupation de la Gaule par les Romains. César et Tacite sont presque les seuls historiens qui nous aient transmis quelques détails sur leurs mœurs et leurs usages. On sait que la nation y était divisée en quatre classes : les chevaliers, les druides, le peuple et les esclaves. Les druides étaient à-la-fois ministres de la religion et de la justice : ils étaient juges civils et criminels (2), et la cumulation de ces fonctions indique assez quelle était leur puissance dans des siècles de grossièreté, d'ignorance et de superstition.

Le droit romain s'introduisit par la conquête dans une partie de la Gaule.

Mais lorsque les peuples venus du Nord y eurent consolidé leur domination par la défaite absolue des Romains, et établi les royaumes des Visigots, des Bourguignons et des Francs, ils rédigèrent différens codes de lois sous le titre commun de *Code des lois antiques* [*Codex legum barbarorum*], et ce code comprenait

---

(1) *Voyez* le discours de S. M. Louis XVIII à la Chambre des Députés, dans la séance du 16 mars 1815 (*Moniteur du 17*).

(2) *Comment. de Bello Gallico*, lib. VI.

la loi ripuaire (1), la loi gothique (2), la loi gombette (3) et la loi salique.

La loi ripuaire et la loi salique sont les lois des Francs proprement dites.

Les lois antiques ou des barbares ne furent point affectées à un certain territoire. Le Franc était jugé par la loi des Francs, qui faisait une grande distinction entre eux et les Romains; le Bourguignon était jugé par la loi des Bourguignons, le Romain par la loi romaine (4).

La réunion de ces lois s'appelait aussi *la loi du monde [lex mundana]*, par opposition au droit canonique (5).

Les commencemens de la monarchie française, et même toute la période que forment les Rois de la première race, ne peuvent être remarquables sous le point de vue de la législation. Cependant Clovis, que l'on regarde comme le fondateur de la monarchie, ce Roi dont la conversion au christianisme est l'origine du titre de fils aîné de l'Église, que tous ses successeurs ont constamment porté, Clovis passe pour avoir fait quelques modifications à la loi salique (6).

Une constitution générale de Clotaire, publiée en 560, ordonne, entre autres choses, de ne pas condamner un accusé sans l'entendre (7), et charge les évêques de châtier, pendant son absence, le juge qui aurait condamné quelqu'un contre le vœu de la loi, *contra legem.*

---

(1) Cette loi fut rédigée par écrit en 440, de l'ordre de Théodoric, qui régnait alors à Châlons-sur-Marne. Elle fut corrigée par Childebert, et perfectionnée, de l'ordre de Dagobert, par quatre personnages illustres de son temps qu'il désigna à cet effet.

(2) La loi gothique fut rédigée, en 466, de l'ordre d'Evaric, roi des Goths, et portée par lui en Espagne, dont elle forme le droit national.

(3) La loi *gombette* fut publiée à Lyon, en 501, de l'ordre de Gondebaud, roi des Bourguignons, dont elle porte le nom.

(4) *Voyez* Montesquieu, *Esprit des lois,* liv. XXVIII chap. I.er — Le Code Théodosien, réformé par Anien, chancelier d'Alaric, fut publié de nouveau en 506; la loi des Bourguignons, comme nous l'avons vu, était appelée la loi *gombette* du nom de Gondebaud, roi de Bourgogne.

La loi salique, et la loi ripuaire, qui en est presque la répétition, ne reçurent point les peines corporelles.

(5) Voyez l'*Abrégé chronologique de l'histoire de France,* par Henault, tome I.er, pag. 5.

(6) Voyez *ibid.*

(7) *Si quis in aliquo crimine fuerit accusatus, non condemnetur penitùs inauditus.* (Cap. Reg. Franc. vol. I.er, fol. 7 et 8, collection d'Étienne Baluze, par de Chiniac, *Paris, Quillau, 1780.*)

Tom. I.er B

Une ordonnance de Childebert, publiée en 595, contenait des dispositions pénales contre divers crimes, et portait, entre autres choses, que les homicides seraient punis de mort, qu'on ne pourrait se soustraire à cette peine par aucune composition (1), et que si un juge était convaincu d'avoir relâché un voleur, il perdrait la vie (2).

Clotaire II porta, vers la même année 595, un décret contenant aussi des dispositions pénales, et un édit relatif au clergé et aux religieuses.

Dagobert publia en 630 un capitulaire par lequel il renouvela, en y apportant des changemens considérables, les lois d'abord publiées par Théodoric, et les donna écrites à chacun des peuples qu'elles concernent. On remarque que chacune de ces lois contenait un code pénal assez détaillé, dans lequel la plupart des crimes et des délits étaient prévus, et qui fixait la peine à laquelle le coupable devait être assujetti pour réparation de chaque crime, ou le nombre des témoins qui juraient avec lui qu'il n'était pas coupable (3). La loi des Bavarois, insérée dans ce capitulaire, était sur-tout remarquable par son étendue, et notamment par un titre sur le respect que l'on doit aux tombeaux (4).

Quoique Carloman, fils aîné de Charles Martel, n'ait jamais eu le titre de roi, il gouverna en souverain les états qui lui étaient échus par le partage qu'il avait fait avec Pepin son frère, et il en exerçait l'autorité; et l'on voit, par deux capitulaires publiés par lui en 742 et 743, que le clergé séculier et régulier avait déjà grand besoin de réforme et d'être rappelé aux devoirs de son état, puisque Carloman y défend aux clercs de porter les armes, d'aller à l'armée et de chasser; qu'il décerne des peines contre les moines et les reli-

---

(1) Art. 5. *De homicidiis verò ita jussimus observari, ut quicumque ausu temerario alium sine causa occiderit, vitæ periculo feriatur, et nullo pretio se redimat aut componat........ quia justum est ut qui injustè novit occidere, discat justè moriri.* (Cap. Reg. Franc. fol. 18.)

(2) *Et si judex comprehensum latronem convictus fuerit relaxasse, vitam suam amittat, &c.* (loco citato).

(3) C'est à ce serment que l'on est fondé à reporter l'institution ou du moins la dénomination de jurés, *juratores* (*voyez* du Cange).

(4) Le titre VIII.

gieuses qui commettraient des délits contraires aux mœurs (1) ; qu'il défend aux prêtres et aux diacres d'avoir des femmes dans leur maison (2), et qu'il proscrit les superstitions du paganisme.

Un autre capitulaire de Carloman, dont la date est fixée à l'année 744, quoique spécialement relatif au clergé, contient aussi des dispositions pénales contre la fausse monnaie (3), contre l'adultère, contre l'inceste et le parricide (4) ; défend de donner des alimens aux homicides qui se seraient réfugiés dans les églises, et indique ainsi l'abus que l'on faisait du droit d'asile ; décerne des peines contre le vol et l'achat des objets volés, en les graduant suivant les récidives.

Pepin, qui fut le premier Roi de la seconde race, n'occupait pas encore le trône lorsqu'il publia, en 744, un capitulaire sur le clergé, dans lequel il défend la bigamie.

Depuis l'an 752 jusqu'à l'an 764, ce monarque fit plusieurs dispositions législatives. La plupart de ses capitulaires sont relatifs au clergé ; mais on remarque, relativement à l'administration de la justice, que Pepin, qui, dans un capitulaire de 752, avait ordonné le congrès lorsqu'une femme accusait son mari d'impuissance (5), ordonna, cinq ans après, que dans ce cas, lorsque l'objet de l'accusation serait dénié par le mari, on s'en rapporterait à la dénégation de celui-ci, parce qu'il est le chef de la femme (6) ; et quand on se rappelle que cet usage immoral du congrès, si justement proscrit dans le VIII.e siècle, était encore suivi et consacré au XVII.e par la législation ou la jurisprudence française, et que l'abolition n'en est due peut-être qu'à l'ironie amère du Juvénal français, on ne peut s'empêcher de gémir sur la difficulté et la lenteur avec lesquelles la raison parvient à dissiper l'erreur, à détruire les préjugés et les coutumes les plus absurdes.

On aime aussi à lire, dans une loi de Pepin, la disposition qui

---

(1) *Qui in fornicationem inciderint.*

(2) *Et nullus in sua domo mulieres habitare permittat.*

(3) La peine est l'amputation de la main et une amende (art. 20).

(4) On assimile au parricide, dans ce capitulaire, l'assassinat de l'oncle et du frère.

(5) *Si qua mulier se reclamaverit quòd vir suus nunquam cum ea mansisset, exeant inde ad crucem ; et si verum fuerit, separentur, et illa faciat quod vult.*

(6) *Quia caput est mulieris* (art. 17 du capit. de 757).

B 2

défend aux évêques, aux abbés, aux laïcs, de recevoir des présens pour rendre la justice (1).

I.ʳᵉ ÉPOQUE.   Charlemagne, au milieu des guerres qu'il entreprit et qu'il termina si glorieusement, se montra toujours pénétré de cette maxime, que les lois sont le premier besoin des peuples, et que le soin de la législation est le premier devoir des souverains.

Les nombreux capitulaires qu'il publia depuis 769 jusqu'en 814, attestent sa constante sollicitude et sa sagacité supérieure. Toutes les branches du gouvernement, tous les peuples qui composent son vaste empire, occupent sa pensée et deviennent successivement l'objet de réglemens législatifs (2).

En montant sur le trône (3), il avait renouvelé les dispositions d'un capitulaire de Carloman son oncle, relatif à la conduite des

---

(1) ...... *Ut nec episcopus, nec abbas, nec ullus laïcus, pro justitia facienda sportulas contradictas accipiat; quia ubi dona intercurrunt, justitia evacuatur.*

(2) Sous les deux premières races, lorsqu'il s'agissait de créer de nouvelles lois ou de pourvoir à ce qui pouvait contribuer au bonheur du royaume, l'usage constant était que les Rois se fissent assister des conseils et des lumières des premiers seigneurs de la nation, des ducs, des comtes, des évêques et des abbés. La loi salique fut l'ouvrage des chefs de la noblesse et des premiers de la nation. Les capitulaires, pour avoir force de loi, après avoir été rédigés dans le conseil du Souverain, devaient être revêtus de la signature des premiers de l'Etat, et être reçus d'un consentement général. Les ordonnances, les capitulaires, les chartes mêmes accordées par nos Rois, font mention de cette déférence qu'ils avaient pour les personnes les plus distinguées du royaume. Tout ce qui concernait le bien public était discuté, rédigé, arrêté dans l'assemblée des évêques, des grands et des ministres du palais, quelquefois nommés distinctement, et plus souvent désignés sous le titre de fidèles du Roi, *de consensu fidelium nostrorum.* Le peuple contribuait en quelque sorte alors à la formation de la loi. Les nouveaux réglemens étaient soumis à son examen dans les assemblées publiques de la nation; et par la signature de ses représentans, il les ratifiait d'une manière irrévocable. — *Voyez* la fin du second capitulaire de l'an 803; le titre XXIV du capitulaire de Louis-le-Vieux, année 820; la préface des capitulaires de Charles-le-Chauve, année 844, et une infinité d'autres qu'il serait trop long de désigner.

Il paraît que le peuple pouvait avoir aussi l'initiative des lois. Les demandes ou projets qu'il présentait, étaient soumis à la délibération des assemblées nationales. Le second capitulaire de l'année 803 commence par une requête présentée à Charlemagne par ses sujets, et une promesse solennelle par laquelle cet empereur s'engage à exposer leur demande à la première assemblée générale où plusieurs évêques et comtes doivent se trouver.

Ainsi les principes fondamentaux de notre Charte constitutionnelle ont été, en quelque sorte, recueillis par la sagesse du monarque dans les *usages des premiers âges de la monarchie.*

(3) Ce fut en 768 que Charlemagne monta sur le trône, et ce capitulaire ne fut renouvelé que l'année suivante 769.

prêtres. Dix ans après (779), en décernant des peines contre l'inceste, le parjure et le vol, il défend d'excuser les homicides et les autres coupables qui se réfugient dans les églises, et auxquels Carloman avait déjà ordonné de refuser des alimens.

Il veille à la correction des livres et offices d'église; il règle les devoirs des juges, leur défend de céder à la flatterie, à la haine, à l'amitié, et leur prescrit la sobriété (1); il indique des moyens pour prévenir le parjure et d'autres crimes; il publie des lois sur les mœurs publiques; il publie des lois somptuaires; il donne des conseils et des ordres à toutes les classes de la société, et, devançant de bien loin les progrès de l'esprit humain, il entrevoit le besoin de l'unité des poids et mesures dans les réglemens qu'il fait sur cet objet.

Il fait écrire et rédiger dans une nouvelle forme la loi salique, cette loi des Francs, si célèbre par l'influence qu'elle a eue sur les destinées du royaume de France (2), et il y fait des additions considérables du consentement de la nation (3).

Charlemagne, après avoir pris des mesures pour prévenir et réprimer les abus du prétendu droit d'asile accordé aux malfaiteurs

---

(1) *Rectum autem et honestum videtur ut judices jejuni causas audiant et discernant* (capit. 1.ᵉʳ de 789).

(2) *D. Karolus, rex Francorum inclytus, hunc libellum tractati legis salicæ scribere jussit* (intitulé de la loi salique).

C'est au titre LXII, *de alode*, que se trouve, art. 6, cette fameuse disposition : *De terra verò salica nulla portio hereditatis mulieri veniat, sed ad virilem sexum tota terræ hereditas perveniat.*

La loi salique traite de tous les crimes, de tous les délits, et règle les réparations en argent, de manière qu'on pouvait, en vertu de cette loi, concevoir l'idée d'un crime quelconque et l'exécuter avec sécurité, pourvu qu'on eût en sa possession la somme fixée par la loi à titre de réparation. A la suite de la loi salique recueillie parmi les capitulaires de Charlemagne, on lit, sous le titre *Recapitulatio solidorum*, ce qui suit : *Compositiones sunt CCCLVIII, Varietates XXXI.* Ainsi il y avait trois cent cinquante-huit compositions et trente-une variétés de compositions. La plus légère était de sept deniers : *Incipit autem à septem denariis, ut si quis agnum furaverit* (art. 1.ᵉʳ de la récapitulation). La plus forte s'élevait à mille quatre-vingts sous : *Inde ad solidos mille octogintos, ut si quis hominem in trusta dominica occiderit et in puteum jactaverit* (art. 31 de la récapitulation).

(3) L'art. 49 et dernier d'un capitulaire publié en 801 porte ce qui suit : *Generaliter omnes admonemus ut capitula quæ præterito anno legi salicæ cum omnium consensu addenda esse censuimus, jam non ulteriùs capitula, sea tantùm leges dicantur, imnò pro lege salica teneantur.* (*Voyez* aussi un capitulaire publié en 803 sous ce titre, *Capitula addita ad legem salicam.*)

qui se retiraient dans les églises, défend aussi de les recevoir dans ses palais (800).

Un conquérant comme ce grand prince ne pouvait négliger les moyens propres à prévenir la désertion parmi les soldats : aussi l'un de ses capitulaires (801) contient-il des dispositions très-sévères contre les déserteurs, qu'il ordonne de punir de mort et de la confiscation de leurs biens (1). Ce même capitulaire prononce la peine capitale contre les voleurs en récidive.

C'est sous le règne de Charlemagne que l'on place l'établissement de ces grands délégués du Prince, qui, sous le nom de *missi dominici*, allaient rendre la justice dans les diverses parties du royaume, et prendre des renseignemens sur les abus qu'il pouvait être utile de réformer : ce prince leur trace leurs devoirs, leur désigne les lieux où ils doivent se rendre ; et en même temps qu'il fait écrire des lois pour assurer l'uniformité dans les décisions judiciaires, il ordonne que la justice soit prompte (2) ; et, pour prévenir l'arbitraire des juges, il leur défend de s'écarter des dispositions de la loi écrite (3).

Le même souverain, qui s'occupe avec tant de soin de la bonne administration de la justice (4) et du bon choix des juges (5), qui exerce sur le clergé une surveillance si particulière (6), ne néglige

---

(1) *Si quis adeò contumax aut superbus exstiterit, aut dimisso exercitu absque jussu vel licentia Regis domum revertatur, et quod nos theudiscâ lingdâ dicimus* herisliz *fuerit, ipse est reus majestatis, vitæ incurrat periculum, et res ejus in fisco nostro socientur.*

(2) *Voyez* le deuxième capitulaire de 809, art. 16.

(3) *Ut judices secundùm scriptam legem justè judicent, non secundùm arbitrium suum* (art. 26 du capitulaire publié en 802 sous le titre de *Capitula data·missis dominicis*). Ce capitulaire est très-étendu : il contient des dispositions contre le parjure et contre d'autres crimes : il indique aussi les moyens de prévenir les suites des inimitiés et des vengeances, &c. &c.

(4) *Voyez* les capit. de 779, de 789, de 798, de 800, de 801, de 802, de 805, de 806, de 809, de 810, de 812, de 813, de 814.

(5) *Voyez*, au capit. 4 de 805, l'art. 12, ainsi conçu : *De advocatis, id est, ut pravi advocati, vicedominici, vicarii et centenarii tollantur, et tales eligantur quales sciant et velint justè causas discernere et determinare ; et si comes pravus inventus fuerit, nobis nuncietur.*

(6) *Voyez* le capitulaire publié en 779 relativement au clergé, celui de 789 sur la réforme des moines, celui de 801 pour honorer le siége apostolique, celui de la même année *qui défend aux évêques d'exiger des contributions pour le baptême et les autres sacremens*, ceux de 803 sur l'épuration du clergé *de (purgatione sacerdotum)*, celui de 804 sur le même objet, ceux de 805, de 807, de 809 de 810 et de 814 sur les monastères et le clergé.

point les mesures d'ordre et d'utilité publique (1); il réprime la mendicité (2); il prohibe l'usure et les gains illicites, dont il donne lui-même la définition (3); il défend sévèrement l'avarice à tous ses sujets (4), et notamment aux membres du clergé (5). Charlemagne avait eu à réprimer des actes scandaleux dans les monastères. Ce n'est point assez d'avoir détruit le mal existant, il faut en prévenir le retour : ces abus peuvent être le résultat de la contrainte qu'on exerce sur les filles pour leur faire embrasser la vie monastique; Charlemagne empêche qu'elles ne soient admises à prendre le voile avant de pouvoir choisir un état (6).

Il protége le faible contre les injustices du plus fort (7); il encourage les lettres et les arts et ceux qui les cultivent ; il fonde des écoles latines et grecques (8) : il ordonne d'honorer le siége apostolique (9) ; mais il fait reconnaître et respecter à Rome son autorité royale (10), et rappelle aux bénéficiers et aux vassaux les devoirs qui leur sont imposés envers lui (11).

C'est sans doute un beau spectacle que celui d'un souverain supérieur à son siècle, luttant contre la barbarie et l'ignorance de ses contemporains, créant ou épurant tout par la force et l'activité de son génie, et dictant, dans le huitième siècle, des lois et des réglemens dont la sagesse, l'utilité, la profondeur, peuvent encore être admirées de nos jours.

Soit que Charlemagne n'ait fait que recueillir les lois déjà existantes, les faire transcrire et consigner sur des registres publics,

---

(1) *Voyez* le capitulaire premier de 811.
(2) *Voyez* l'art. 10 du cinquième capitulaire de 805.
(3) *Voyez* les articles suivans du même capitulaire.
(4) *Voyez* ibid.
(5) *Voyez* en 804 capit. *Data presbyteris.*
(6) *Voyez* le premier capitulaire de 805.
(7) *Voyez* le deuxième capitulaire de 805 en vingt-cinq articles, adressé *ad omnes generaliter*, par lequel il ordonne d'écouter de suite les veuves, les pupilles et les orphelins qui réclament justice. Ce capitulaire contient des dispositions pour réprimer l'oppression des hommes libres pauvres.
(8) *Voyez* l'ordonnance de 804 pour établir des écoles latines et grecques dans l'église d'Osnabruck.
(9) *Voyez* un capitulaire de 801 sur cet objet.
(10) En 774 Charlemagne confirma les donations faites au Saint-Siége, en se réservant la suzeraineté; et en 775 Adrien I.er accorda à Charlemagne, dans un concile tenu à Rome, le droit d'ordonner de l'élection des papes et de les confirmer.
(11) *Voyez* le capitulaire de 807 sur cet objet.

en y ajoutant seulement quelques chapitres (1); soit qu'on doive, au contraire, attribuer à Charlemagne la plus grande partie des lois dont il a formé le recueil qui fut d'abord connu sous le nom de *Constitutions de Charlemagne* ou de *Lois françaises*, et qui fut désigné, dans le XVI.ᵉ siècle, sous celui de *Capitulaires* (2), cet empereur n'en mérita pas moins bien des peuples par les soins personnels qu'il donna à la législation et à la bonne administration de la justice dans ses états. Fondateur d'un grand empire, il en fut le législateur (3). Son règne, auquel je fixe la première grande époque de la législation française, est même, sous ce seul rapport, une époque glorieuse de notre histoire; et si ses efforts pour la restauration des lettres furent rendus inutiles par la faiblesse de ses successeurs, il les préserva du moins d'une destruction entière et retarda les progrès de l'ignorance.

Louis-le-Débonnaire publia, depuis 815 jusqu'en 837, des capitulaires peu remarquables; il fit cependant quelques additions à la loi salique, et donna l'interprétation de plusieurs articles de cette loi.

C'est sous Charles-le-Simple (929) que finissent les capitulaires des Rois de France.

Les plus anciens titres dont on ait connaissance depuis, ne commencent que long-temps après l'origine de la troisième race, et ne remontent qu'à Louis-le-Gros (1100), ou du moins à Philippe I.ᵉʳ son père; encore jusqu'à Saint Louis, si l'on en excepte l'ordonnance de Philippe-Auguste (1190), ce ne sont que des chartes accordées à des églises ou à des communautés, et qui n'ont point un objet général et utile au bien de l'État. Cependant c'est à Louis-le-Gros (1128) que l'on doit la sanction et la promulgation des coutumes de Laon. L'époque où elles furent composées, touche de

---

(1) C'est l'opinion du cardinal Baronius d'après les expressions d'Éginhard : *Post susceptum imperiale nomen, cùm adverterit multa legibus populi sui deesse (nam Franci duas habent leges, plurimis in locis valdè diversas), cogitavit quæ deerant addere et discrepantia unire, prava quoque ac perperàm prolata corrigere; sed in iis nihil aliud ab eo factum est quàm quòd pauca capitula, et ea imperfecta, legibus addidit. Omnium tamen nationum quæ sub ejus dominatu erant, jura quæ scripta non erant describere ac litteris mandari fecit.*

(2) Opinion d'Étienne Baluze d'après les mêmes expressions d'Éginhard.

(3) Charlemagne rendait lui-même la justice en certains cas. Il s'entourait de conseillers et de gens habiles, et ses lois embrassent toutes les parties.

près, comme on le voit, à l'établissement libéral des communes, événement important dans notre histoire.

Ces coutumes réglaient une partie de la jurisprudence criminelle, et s'étendaient aussi aux mariages, aux dots, aux successions et aux droits seigneuriaux (1).

Philippe fut le premier des Rois de France qui, pour autoriser ses chartes et ses lettres, les ait fait souscrire par les grands officiers; et c'est de lui que vient l'usage qui s'est perpétué jusqu'à nous, de faire contre-signer tous les actes du Souverain par le ministre du département auquel ils appartiennent (2).

Ce fut en 1139, sous le règne de Louis VII, dit le Jeune, que fut apporté en France le Code Justinien, publié en 529, et que les Français n'avaient jamais connu (3). Ce Code devint ensuite notre droit écrit, jusqu'au moment encore peu éloigné où la France a joui d'un code de lois complet, écrit en langue française (4).

L'ordonnance publiée par Philippe-Auguste en 1190 est un monument précieux; elle concerne les baillis royaux, qui se multipliaient à mesure que s'accroissait le domaine royal; elle accoutuma les peuples à reconnaître la justice royale au moyen des appels (5).

_____

(1) *Voyez* le tome XIII de l'*Histoire littéraire de France*, continuée par une commission de l'académie royale des inscriptions et belles-lettres.

(2) Cet usage n'est point aujourd'hui une vaine formalité, puisque la responsabilité des ministres est consacrée par la Charte (art. 13, 55 et 56).

(3) Le Code Théodosien, que les Romains avaient introduit en France, s'y était perdu sur la fin de la seconde race; Cujas l'a restitué depuis. — On a dit et répété qu'un exemplaire des Pandectes avait été trouvé en 1135 ou 1137 par les Pisans à Amalfi, lors de la prise et du sac de cette ville. Ce fait, généralement regardé comme constant, a cependant été contesté: mais l'examen de ce point de critique est étranger à notre sujet, et il nous suffit de savoir que ce n'est que dans le XII.e siècle que le droit romain commença à devenir en France un corps de doctrine et de lois obligatoires pour plusieurs de ses provinces.

(4) Le vœu naturel de toutes les nations doit être d'avoir des lois faites exprès pour elles. « L'usage qui veut que les lois soient écrites en une langue inconnue et inintelligible » à ceux qui ont le plus grand intérêt à les entendre, comme devant leur servir de règle » pour se bien conduire, est, quoi qu'on en puisse dire, contraire à l'équité et à la saine » raison. » (Rescrit du roi de Prusse Frédéric, en installant son grand chancelier.) *Voyez* Annales de Linguet, tom. IX, p. 13; *voyez* aussi, pag. vj de cette Introduction, à la note, la disposition des instructions de Catherine II sur ce point.

(5) Il était ordonné aux baillis royaux de recevoir, tous les mois, dans leurs assises, les plaintes des sujets, et de leur rendre une prompte justice, de veiller sur la conduite des prévôts, des seigneurs, et de les contenir dans leurs devoirs, et enfin de rendre compte de leur conduite et de l'état de leur province tous les quatre mois au Conseil du Roi.

II.ᵉ Époque.   Après avoir parcouru une période de quatre siècles et demi, si stérile pour l'histoire de la législation française, nous voici parvenus au règne de Saint Louis, époque si remarquable sous ce rapport, ainsi que sous beaucoup d'autres.

Ce fut en 1270, un peu avant son second voyage à la Terre-sainte, que ce monarque publia le code connu sous le nom des *Établissemens de Saint Louis*. Ce code, tout-à-la-fois civil et criminel, fut rédigé d'après les conseils d'hommes sages et de clercs savans ; les dispositions en sont tirées des coutumes, des canons et du droit romain, et il était digne, dans son ensemble, du grand souverain dont il fut l'ouvrage.

Le premier chapitre de ce code réglait le mode de procéder tant au civil qu'au criminel ; on y retrouve les principales dispositions de nos lois actuelles : on en remarque une que nous n'avons pas conservée, dans la crainte, sans doute, de multiplier les parjures ; c'est le serment exigé des parties de plaider avec loyauté et de n'employer aucun moyen illicite (1).

Dans divers chapitres, le Roi défendait le combat judiciaire et indiquait les preuves admissibles. Saint Louis fut le premier des Rois de France qui s'éleva avec force contre cette coutume barbare ; mais elle était tellement enracinée dans l'esprit et dans les mœurs de nos aïeux, que, malgré ses efforts et sa longue persévérance pour la détruire, il ne put y parvenir qu'à demi (2).

Pour prévenir les fausses dénonciations, une disposition du code portait la peine du talion contre les dénonciateurs qui ne pouvaient pas prouver leurs assertions. Cette règle, empruntée de la législation romaine, était sans doute trop favorable aux criminels : mais elle prouve que la haine et la vengeance, plus que l'esprit de justice, conduisaient les dénonciateurs aux pieds des tribunaux ; et l'on ne peut qu'approuver le législateur qui prenait des mesures pour corriger et réprimer ce funeste penchant (3).

(1) *Voyez* le chapitre I.ᵉʳ

(2) *Voyez* le chap. II, le chap. XXV, le chap. XXVII, liv. I.ᵉʳ, &c. —Saint Louis, qui voulait détruire le combat judiciaire, ne pouvait prendre trop de précautions et de soins pour convaincre les peuples des avantages réels qui devaient résulter de ce changement.

(3) *Voyez* le chap. III, liv. I.ᵉʳ, et le chap. XII, liv. II.—Dans ce dernier chapitre intitulé *Comment on doit réclamer chose volée*, il est dit : « Pour accuser quelqu'un de vol, il » convient qu'on ait vu le vol et le voleur en possession de la chose volée, et on doit » le prouver par bons témoins. »

Saint Louis avait établi, dans son code, des appels pour les cas dits *royaux;* et quoiqu'il eût été prévenu, dans cette sage disposition, par l'ordonnance de Philippe-Auguste, publiée près d'un siècle auparavant, on voit qu'il fit de vains efforts pour établir l'usage des appels à sa cour particulière, et que si cet usage fut suivi par les barons vassaux du Roi en sa qualité de Duc de France ou d'Orléans, les grands vassaux ne s'y soumirent que quand ils ne purent s'en dispenser, c'est-à-dire, quand ils y furent contraints par la force des armes (1).

On trouve, dans les Établissemens de Saint Louis, des peines contre les assassins et les meurtriers, contre les voleurs et leurs complices, et notamment contre les voleurs domestiques, contre les vagabonds et gens suspects (2); les peines y étaient graduées : le crime commis par récidive était puni plus sévèrement; *car on ne va pas du grand au petit, mais du petit au grand* (3).

Un article punissait comme coupable du crime dont il était prévenu, celui qui s'évadait des prisons : on regardait sans doute l'évasion comme un aveu de la faute; car il serait difficile d'attribuer à un autre motif cette rigueur qui, au premier aperçu, paraît excessive; et l'aveu entraînait la condamnation, du moins en certains cas (4).

La peine du suicide se bornait à la confiscation des biens (5); et quoique cette peine fût injuste, on ne peut nier que, comparée à celle qui plus tard avait été introduite en pareil cas, elle n'attestât l'esprit tolérant de Saint Louis, dont on retrouve aussi l'empreinte dans plusieurs autres articles de ses lois (6).

Le code de Saint Louis contenait des réglemens sur la disposi-

(1) *Voyez* le chap. IV et les chap. LXXVIII et LXXX, liv. I.er—Les appels étaient successifs d'une cour inférieure à la cour supérieure dont la première relevait, et l'on pouvait toujours appeler à la cour du Roi. L'appel était réglé : les juges réformés étaient condamnés à une amende envers l'appelant. Ils venaient eux-mêmes défendre leurs jugemens devant la cour supérieure. On ne voit pas trop quels dommages-intérêts on leur accordait contre les parties, si le jugement était maintenu. Cependant il y a lieu de croire que la perte des meubles, qui était prononcée en pareil cas, était au profit des premiers juges dont le jugement était trouvé bon. L'amende de fol appel remplace de nos jours la perte des meubles. Elle est prononcée au profit du trésor public; mais les juges dont est appel, ne sont plus chargés de défendre leurs jugemens.

(2) *Voyez* les chap. XXX, XXXII et XXXIV du liv. I.er

(3) *Voyez* le chap. XXIX du liv. I.er

(4) *Voyez* le chap. CXXI, liv. I.er

(5) *Voyez* le chap. LXXXVIII, liv. I.er

(6) *Voyez*, au chap. XXIX, liv. I.er, les peines décernées contre le vol d'église.

C 2

tion des trésors découverts, sur le mode de juger les clercs, sur le droit d'aubaine, sur l'irruption à main armée dans la terre d'autrui, sur la manière de se faire représenter devant les tribunaux, sur les devoirs des procureurs, avocats ou avoués, sur les exoines, sur le cautionnement, sur les conflits de juridiction, sur les dénis de justice, sur le flagrant délit, sur l'accusation et les accusateurs, sur les demandes en restitution d'objets volés, &c. &c. (1).

L'exercice de la contrainte par corps, d'après les Établissemens de Saint Louis, n'était accordé qu'au Roi; et ce droit ne pouvait s'exercer que pour le paiement des droits royaux reconnus et prouvés (2).

On se plaît à lire dans ces Établissemens, que lorsque, dans une accusation, les preuves étaient égales de part et d'autre, on devait juger en faveur de l'accusé (3); on se plaît à reconnaître dans cette législation la noble empreinte d'un esprit supérieur, d'un ardent ami du bien public; on se plaît à confondre dans sa pensée le rédacteur auguste d'un code de lois utiles et marquées au coin de la sagesse, et le juge couronné faisant lui-même l'application de ces règles salutaires, et distribuant paternellement la justice à ses sujets réunis sous un chêne antique.

Lorsque Saint Louis entreprit de réformer les lois et de détruire les abus qui s'opposaient au bonheur de la France, il eut non-seulement à combattre les préjugés de l'ignorance et de l'habitude, mais la puissance et l'avarice des seigneurs et du clergé, dont l'autorité s'était accrue dans les ténèbres; il était sans cesse contrarié par une infinité de pouvoirs subalternes : aussi ses Établissemens n'eurent-ils lieu que dans ses domaines. Il les publia comme un code complet de lois coutumières, qui devaient être observées dans les domaines

---

(1) *Voyez* les chap. III, XCVI, CII, CIV, CV, CXX, liv. 1.er; les chap. II, V, VIII, XII, XIII, XIV, XV, XVII et XXXXI, liv. II.

Il est souvent question d'avoués *[advocati]* dans les capitulaires, et il est assez remarquable que ce mot, rétabli aujourd'hui, remonte si haut : mais ces avoués n'étaient attachés qu'aux églises et aux monastères, et l'on ne voit rien qui puisse éclairer sur les fonctions et l'état de ceux qui, dans les tribunaux, défendaient les causes des particuliers. Il y a lieu de croire qu'il y avait deux sortes d'avoués : les uns, personnages importans, chargés, en temps de guerre, de commander les troupes des églises et des monastères; les autres, de veiller à leurs intérêts et de défendre leurs causes.

(2) *Voyez* le chap. XXI, liv. II.

(3) *Voyez* le chap. XXXVII, liv. II.

de la couronne : il fut obligé d'avoir cette espèce de déférence pour les barons, dont il importait de ne choquer ni les droits ni les prétentions, qu'il fallait plutôt engager que forcer à embrasser ce code précieux, et à l'égard desquels la conviction devait produire des effets plus utiles que les coups d'autorité, et cette modération, qui, dans d'autres circonstances et de la part d'autres souverains, n'eût été que faiblesse et pusillanimité, fut encore un trait de sagesse de la part d'un Roi qui sut allier ensemble la fermeté et la bonté, et qui, distingué par sa piété et peut-être même emporté par ce sentiment au-delà des bornes que la royauté devait lui prescrire, sut défendre son autorité contre les entreprises du Saint-Siége, et combattre l'avarice du clergé.

Quoique les Établissemens de Saint Louis ne puissent être considérés que comme une législation transitoire de peu de durée, ils eurent cependant une grande influence sur le droit des siècles suivans. Depuis Hugues-Capet, la France était plongée dans une ignorance, une anarchie, une confusion universelle; toutes les lois écrites, même les capitulaires, étaient tombées dans l'oubli, et le clergé profitait de l'affaiblissement de l'autorité royale pour étendre l'influence des tribunaux ecclésiastiques : Saint Louis, en publiant son code, et en ordonnant que les baillis et sénéchaux fussent gradués, arrêta les progrès du désordre auquel Philippe-Auguste avait déjà cherché à opposer une digue; il fit un grand pas vers le bien, et son code fut comme un phare lumineux qui guida et assura la marche de ses successeurs.

Depuis Saint Louis, les édits des Rois prirent en général le nom d'*ordonnance*.

Philippe-le-Bel, en 1302, rendit sédentaire le parlement de Paris, qui jusque-là avait suivi le Roi (1): il avait porté, en 1297, une ordonnance pour défendre les guerres privées tant que durerait la sienne; en 1305, il défendit pour toujours les duels en matière

_____

(1) Il y a diverses opinions sur l'origine des parlemens, et sur l'époque où ils ont été rendus sédentaires. Une ordonnance de 1294 établit que les voix s'y pesaient au lieu de s'y compter, et que les décisions y étaient portées *ex consentium gravitate et meritis* (*Budæus in Pandectas*).

Il est à remarquer que, vers l'an 1300, le Roi Jean d'Angleterre avait rendu sédentaire à Westminster la cour dite du *Banc commun* (*aula regis*), laquelle auparavant suivait la maison du Roi. (*Voir* Blackstone *sur les lois anglaises*, chap. *des Cours publiques*.)

civile. Il publia une ordonnance contre l'usure. On croit que ce fut lui qui convoqua, pour la première fois le tiers-état, pour délibérer sur les affaires publiques à l'occasion d'une bulle d'interdiction que le Pape Boniface VIII, avait lancée contre le royaume de France au milieu de ses démêlés avec le Roi,

Louis X dit le Hutin rendit, en 1305, une ordonnance générale pour l'affranchissement de tous les serfs qui dépendaient de la couronne.

Cette ordonnance fut renouvelée en 1318 par Philippe-le-Long : mais les possesseurs de grands-fiefs ne suivaient pas l'exemple du Roi ; et l'on peut se faire une idée de l'état de barbarie où était plongée la France, en se rappelant qu'à cette époque, ainsi qu'il résulte de lettres du Prince, on donnait le voile de la religion à des filles de huit ans et au-dessous (1), tandis que, plus de cinq siècles auparavant, Charlemagne avait défendu qu'elles pussent prendre le voile avant d'être en âge de choisir un état.

On ne sait pourquoi des historiens ont prétendu que Charles IV, dit le Bel avait été *sévère justicier en gardant le droit à un chacun* (2). On ne peut citer en effet de lui aucun acte important de législation, si ce n'est la concession qu'il fit au Pape des décimes que ses prédécesseurs avaient constamment refusé d'accorder. Cependant on vit sous son règne des magistrats distingués (3).

Philippe de Valois introduisit en 1330 la forme *d'appel comme d'abus*, dont les principes sont plus anciens que le nom, et dont l'effet a été de restreindre les bornes de la juridiction ecclésiastique : il rendit, le 10 avril 1344, une ordonnance qui incorporait les conseillers *juges* et les conseillers *rapporteurs*, dont, auparavant, les uns étaient tirés de la noblesse, et les autres, de la classe des citoyens.

Les pairs de France, qui avaient paru dans leur plus grand éclat sous Philippe-Auguste, déclinèrent ensuite et s'éteignirent sous Charles VII. Depuis cette époque, le Conseil du Roi fut appelé la *Cour des Pairs*, et le parlement de Paris a conservé cette dénomination jusqu'à la révolution. Quand le droit fut une science, les pairs

---

(1) *Voyez* Trésor des chartes, registre 53, pièce 190.
(2) *Voyez* du Tillet.
(3) Pierre de Cugnières, avocat du Roi, vivait notamment à cette époque.

cédèrent le siége à des officiers de justice choisis entre les praticiens. Le midi de la France avait adopté le droit romain : les provinces du nord l'avaient repoussé; de là les statuts provinciaux appelés *coutumes*.

Le droit romain était enseigné dans les universités mêmes des pays coutumiers, et les coutumes s'en ressentaient.

Charles VII ordonna la rédaction officielle des coutumes, usages et styles de tous les pays du royaume ; cela était dévenu nécessaire par la confusion du droit romain et du droit coutumier.

On se rappelle que Louis XII avait ordonné qu'à l'avenir les baillis et sénéchaux seraient gradués, parce que la justice souffrait d'être exercée par des hommes de guerre qui n'avaient nulle idée de jurisprudence : mais comme les degrés qu'ils prenaient ne les rendaient pas plus savans, le chancelier de l'Hospital jugea qu'il serait plus avantageux de leur ôter l'administration de la justice, en ordonnant que les baillis et sénéchaux seraient tous de robe courte ; cette disposition fut en conséquence insérée dans l'ordonnance de 1560, rendue à Orléans sous le règne de Charles IX (1).

Avant cette époque, François I.er, dont le nom est si cher aux lettres françaises, justement indigné de la lenteur des instructions en matière criminelle et des détours de la chicane, avait créé, par son édit du mois de janvier 1522, un office de lieutenant criminel dans chaque bailliage, sénéchaussée, prévôté et siége royal de France (2) ; il avait réglé, par son édit de 1536, la juridiction des bailliages, sénéchaussées et autres justices inférieures, et, en 1539, il avait prescrit des mesures pour l'abréviation des procès (3) : mais il introduisit en même temps en France la procédure secrète, inconnue jusqu'alors (4), et restreignit les moyens de défense des accusés (5) ; et si, par cette innovation fatale, qui s'est perpétuée

(1) Les soins éclairés que l'illustre chancelier de l'Hospital donnait à la législation, étaient dignes d'une époque moins funeste.

(2) *Voyez* dans Fontanon, tome IV, page 647, l'édit de 1522, enregistré au parlement de Paris le 18 avril 1523.

(3) *Voyez* son ordonnance datée de Villers-Cotterets en 1539.

(4) Ainsi, pendant plusieurs siècles, la procédure criminelle avait été publique en France, comme elle l'était à Rome; et ceux qui, par un esprit de routine, se sont montrés si aveuglément attachés à la procédure secrète, ignoraient ou feignaient d'ignorer que ce mode de procéder était une innovation très-moderne, en la comparant aux institutions de l'ancienne monarchie.

(5) Cette ordonnance de 1539 fut rédigée par le chancelier Poyet, que Dumoulin

jusqu'en 1790, et qui a été la source de tant d'injustices, il fit cesser quelques abus légers, il les remplaça par un système monstrueux qui compromettait à chaque instant l'innocence.

Henri II avait aussi créé des présidiaux en 1551.

Une ordonnance publiée par Henri III en 1579, et connue sous le nom d'*ordonnance de Blois*, quoiqu'elle eût été rendue à Paris (1), contenait, entre autres choses, diverses dispositions pénales, ainsi que des règles sur l'instruction criminelle (2).

Les offices de lieutenant particulier, assesseur criminel, supprimés en 1588 (3), furent rétablis en 1596 par Henri IV, qui les jugea *utiles au bien de son service, au soulagement de ses peuples et à la briéve administration de la justice* (4).

On cite de ce grand Roi les actes d'amnistie qu'il publia en faveur des rebelles après avoir conquis son royaume, et qui sont des monumens éternels de clémence et de magnanimité (5); on cite aussi le fameux édit de Nantes, si digne de son génie et de sa haute politique (6). Regrettons que ce Roi, dont le nom seul est un éloge, n'ait pu s'occuper assez de législation; ses ordonnances auraient porté l'empreinte de son ame.

Peut-on douter qu'il eût fait des lois sages, utiles et justes, celui

---

qualifie d'*impie* à cette occasion, et qui ne tarda pas à être victime de la rigueur des formes qu'il avait introduites.

« Quelle dureté plus inique, disait Dumoulin en 1544, que celle d'enlever même la » défense à un accusé! Mais la justice divine l'a fait retomber sur la tête de son auteur. »

Il paraît, au reste, que Dumoulin avait tort d'imputer au chancelier Poyet le peu de délai accordé à l'accusé pour nommer ses témoins, et que cette disposition existait déjà dans l'ordonnance de 1536, publiée sous Antoine du Bourg.

(1) On la nomme ainsi, parce qu'elle fut rendue en conséquence des cahiers présentés par les députés des États assemblés à Blois en 1576.

(2) Cette ordonnance, suivant l'expression de M. Seguier, avocat général, était regardée comme *une des grandes ordonnances du royaume*. (Voyez le plaidoyer de ce magistrat sur un imprimé intitulé *Mémoire justificatif pour trois hommes condamnés à la roue*.)

(3) *Voyez* Fontanon, tome IV, page 648.

(4) *Voyez* ibid. pag. 648, 649, 650, 651, 860, &c.

(5) *Voyez* dans Fontanon, tome IV, les actes d'amnistie de 1593 et 1594, depuis la page 732 jusqu'à la page 838.

(6) *Voyez* l'édit de Nantes, publié en 1598, en faveur des protestans, sur le libre exercice de la religion réformée.

qui proclama la tolérance des opinions religieuses (1)?....... Peut-
on craindre qu'il n'eût méconnu les droits de l'humanité, celui qui
mérita si bien d'avoir Sully pour ami et pour ministre, et qui
voulait que, dans ses états, chaque citoyen jouît d'une honnête
aisance? Mais il ne fit qu'apparaître sur le trône pour prendre la
première place parmi les meilleurs Rois; il ne se montra à son
peuple que pour lui faire entrevoir le bonheur. A peine la France
peut-elle réclamer l'honneur d'avoir produit Henri; elle donna le
jour en même temps au monstre qui l'assassina! La vie et la mort
de ce grand prince feraient croire à la fatalité...... Conservé par
une espèce de prodige au milieu du massacre de la Saint-Barthé-
lemi, il ne put échapper, trente-sept ans après, au même poignard
qui, dans ce jour affreux, s'était émoussé sur son cœur!

On ne cite de Louis XIII qu'une ordonnance publiée en 1640,
sur les mariages clandestins et sur le rapt; mais ce règne si agité
n'en eut pas moins une influence bien remarquable sur les destinées
de la France et sur la législation, par l'heureuse persévérance avec
laquelle le cardinal de Richelieu ne cessa de combattre et parvint
à anéantir la puissance des grands vassaux, dont les prétentions,
souvent dangereuses pour l'autorité royale, et toujours funestes au
peuple, avaient tant de fois troublé l'État, et s'opposaient constamment à l'amélioration des lois et à leur action uniforme. Louis XIII,
ou du moins son ministre, prépara les merveilles du règne suivant.

Louis XIV paraît : de grands travaux l'avaient précédé; il en III.ᵉ ÉPOQUE.
recueille les fruits et sait les multiplier. Né à une époque glorieuse
pour la nation, il eut la gloire personnelle d'être à la hauteur de
son siècle, et d'adopter, pour ainsi dire, tous les grands hommes dont
il fut entouré. Les entreprises et les opérations militaires qui
occupèrent continuellement son règne avec des chances si long-
temps heureuses, ne nuisirent point aux travaux moins brillans de

(1) On ne peut s'empêcher de remarquer que, dans le XIX.ᵉ siècle, l'Europe, qui s'enor-
gueillit tant de sa civilisation, reçoit encore des leçons de tolérance de la part de
l'empereur de la Chine; et je ne puis résister au plaisir de citer cette phrase de ce
souverain : « Il n'est qu'un Dieu, et ce Dieu ne s'offense pas de la diversité des noms
» qu'on lui donne. » (Moniteur du 3 février 1816, rubrique *ITALIE, Rome, 18 janvier.*)
Cette pensée sert de motif à la décision de l'empereur, rendue sur le rapport de son
tribunal des rites, par laquelle il abroge les sentences précédemment portées contre les
Jésuites, et notamment l'édit du 11 janvier 1724.

Tom. I.ᵉʳ   D

la législation. Si de nombreux faits d'armes illustrèrent cette période, les travaux de quelques hommes d'état ne contribuèrent pas moins à la rendre célèbre; les réglemens publiés par Louis XIV sur les diverses branches de l'administration publique forment une grande et mémorable époque dans les fastes de l'histoire de France (1).

Ses ordonnances sur la procédure civile (2), sur les eaux et forêts (3), sur la marine (4), sont spécialement remarquables par l'esprit de méthode, de sagesse et de prévoyance, qui les a inspirées. L'ordonnance sur la procédure criminelle est bien loin, il est vrai, de mériter les mêmes éloges (5): mais, si l'on est pénétré de douleur en voyant que, dans ce siècle de lumières, appelé le grand siècle à si bon droit sous tant d'autres rapports, une dangereuse et funeste routine soit parvenue à étouffer les nobles réclamations de tant d'écrivains en faveur de l'humanité; si l'on gémit de voir les précautions barbares accumulées dans ce code de procédure criminelle pour priver l'innocence, injustement accusée, de tout moyen de défense, de tout secours contre l'oppression, contre l'impéritie, contre la passion des juges, on est consolé du moins lorsqu'en parcourant le procès-verbal des conférences sur cette ordonnance, on voit les plus dignes et les plus vertueux magistrats de cette glorieuse époque lutter contre le rapporteur de cette loi, et résister avec courage, avec persévérance, mais le plus souvent sans aucun succès, à l'admission de règles et de dispositions trop rigoureuses (6).

---

(1) *Voyez* l'ordonnance civile; l'ordonnance sur les évocations et *committimus*; l'ordonnance des eaux et forêts; l'ordonnance criminelle; l'ordonnance sur la juridiction des prévôts des marchands et des échevins de Paris; l'ordonnance du commerce; l'ordonnance des gabelles; l'ordonnance de la marine; l'ordonnance dite *Code noir*, relative aux nègres d'Amérique et d'Afrique; l'ordonnance sur les grosses fermes; l'ordonnance sur la juridiction ecclésiastique. — Parmi les grands monumens de la législation de ce règne, on doit citer aussi les *Lois civiles* de Domat, quoique ce soit l'ouvrage d'un simple particulier.

(2) Ordonnance de 1667.

(3) *Idem* de 1669.

(4) *Idem* de 1681.

(5) *Idem* de 1670.

(6) *Voyez* le procès-verbal des conférences sur l'ordonnance de 1670, et les observations si sages, si profondes, du chancelier Seguier, du premier président Lamoignon, des avocats généraux Bignon, Talon, et de plusieurs autres magistrats, dont les nobles efforts venaient échouer contre l'entêtement et la dureté du rapporteur de cette loi.

Louis XV publia aussi des ordonnances sur les donations (1), sur les testamens (2), sur les substitutions (3), sur le faux (4). Celle-ci est un code complet sur le mode de procéder en matière de faux incident ou de faux principal; et la plupart des dispositions qu'elle contient, ont été inscrites dans les codes actuels, ou servent encore de règle dans les tribunaux.

Au moment où Louis XVI monta sur le trône, la diversité du droit français et la multiplicité des coutumes, reste impur de la féodalité; les abus de la procédure criminelle, consacrés par l'ordonnance même de 1670, qui aurait dû les faire disparaître; les dangers évidens de l'absence d'un code pénal et ceux de l'arbitraire dans l'application des peines afflictives et infamantes, &c. &c., étaient l'objet des plaintes qui s'élevaient de tous les points de la France. Des idées saines sur l'administration de la justice, et notamment de la justice criminelle, avaient remplacé, du moins chez un grand nombre d'hommes éclairés, cet aveugle respect pour des formes homicides auxquelles les magistrats les plus recommandables gémissaient de se voir assujettis. Déjà la cause sacrée de l'humanité avait été défendue avec courage dans d'éloquens écrits; déjà des jurisconsultes célèbres avaient attaqué sans ménagement et la torture, ce digne héritage des siècles les plus barbares (5), et le secret des procédures, ce *palladium* de l'iniquité, de la haine et des passions les plus viles, et la privation de tout moyen de défense, qui livrait les accusés à la merci d'un accusateur prévenu et d'un juge ignorant ou prévaricateur; déjà de grands écrivains, en démontrant la nécessité urgente d'une réforme dans les lois pénales et dans les lois criminelles de l'Europe, avaient signalé les crimes ou les erreurs judiciaires, fruit nécessaire de ces institutions désastreuses (6);

---

(1) Ordonnance de 1731.

(2) *Idem* de 1735.

(3) *Idem* de 1747.

(4) *Idem* de 1737.

(5) Louis XVI avait supprimé la question dite *préparatoire*. C'était sans doute un grand bien; mais les supplices employés pour arracher à un condamné l'aveu du crime déclaré constant par ses juges, et la déclaration de ses complices, sont également repoussés par la justice et l'humanité.

(6) *Voyez* les ouvrages de MM. Servan, de Pastoret, Linguet, Letrosne, Morveau,

D 2

déjà d'habiles publicistes, soit nationaux, soit étrangers, en portant le regard du génie sur l'ensemble de la législation des peuples anciens et modernes, avaient rendu palpables les imperfections et les vices de la législation française, sur-tout en matière criminelle, et jeté dans les esprits et dans les ames des germes salutaires qui se multipliaient en se développant (1). La raison sollicitait de toutes parts des modifications. En conséquence, lorsque le Roi convoqua les États-généraux, les cahiers que les députés reçurent par-tout de leurs commettans, contenaient particulièrement leurs doléances sur cet important objet.

IV.ᵉ ÉPOQUE.	L'Assemblée nationale, connue depuis sous le nom de Constituante, ne pouvait donc négliger de si grands intérêts; l'administration de la justice devait fixer sa sollicitude particulière.

Les parlemens ne purent résister au torrent qui ébranlait dans leurs bases toutes les institutions féodales; et ils furent détruits aussitôt que les principes d'un gouvernement représentatif régulier eurent été mis en avant.

Un des premiers actes de l'Assemblée nationale fut d'abolir la vénalité des offices de judicature, et d'ordonner que la justice serait rendue gratuitement (2).

La défense est de droit naturel; et tant que les tribunaux n'ont pas prononcé, l'exercice de ce droit ne peut être interdit à un accusé: cependant cette règle, d'une justice éternelle, était en opposition avec les formalités de notre procédure criminelle (3), et il fallut une loi nouvelle pour autoriser l'accusé à proposer, en tout état de cause, ses défenses et des faits justificatifs (4).

Dupaty, la Chalotais, Prost de Royer, Phlipon, Desessarts, Bernardi, Garat, Lacretelle, Delacroix, Vermeil, Brissot de Warville, &c. « Quelle sera donc, disait M. Seguier, la » force du ministère public, s'il n'a pas le courage de prendre en main la défense du » citoyen! et que deviendrait l'autorité des tribunaux, s'ils oubliaient un moment que » tous les hommes sont égaux aux yeux de la justice! »

(1) Montesquieu, Beccaria, Filangieri, Blackstone, &c. —Avant ces écrivains, l'auteur de l'Utopie, le grand chancelier de l'Angleterre, Thomas Morus, avait mis au jour d'utiles vérités sur la législation criminelle.

(2) *Voyez* l'article 7 du décret des 4, 6, 7, 8 et 11 août 1789.

(3) *Voyez* l'ordonnance de 1670; *voyez* aussi, page xxiij de cette Introduction, note (5), ce que disait Dumoulin sur une disposition analogue de l'ordonnance de 1539.

(4) *Voyez* l'article 19 du décret des 4, 6, 7, 8 et 11 août 1789.

L'obligation d'exprimer dans toute condamnation à peine afflictive ou infamante les faits qui donnaient lieu à la condamnation, fut imposée aux tribunaux par le législateur ; et l'on proscrivit l'arbitraire en défendant d'employer en aucun cas la formule banale, alors en usage, de condamner *pour les faits résultant du procès* (1).

L'abolition de la sellette au dernier interrogatoire, et de la question dans tous les cas (2) ; la publicité des débats, des défenses et du jugement, furent les premiers bienfaits de la législation nouvelle ; et ces règles n'ont plus été méconnues depuis dans les lois criminelles françaises (3).

L'Assemblée nationale consacra le principe que la condamnation n'entache pas la famille du condamné (4). Elle voulut, en conséquence, que le corps du supplicié fût délivré à sa famille sur la demande qu'elle en ferait ; que, dans tous les cas, le supplicié fût admis à la sépulture ordinaire, et qu'il ne fût fait, sur le registre, aucune mention du genre de mort (5) ; et le Code de nos lois civiles a consacré de nouveau ces sages dispositions, conquête glorieuse de la raison sur d'anciens préjugés (6).

Enfin cette Assemblée célèbre décréta que la confiscation des biens des condamnés ne pourrait être prononcée en aucun cas (7).

En même temps que l'Assemblée constituante proclamait ces grands principes, elle jetait les bases de l'organisation du pouvoir judiciaire (8) ; elle réglait le mode d'élection des juges et des offi-

(1) *Voyez* l'article 22 du décret des 4, 5, 7, 8 et 11 août 1789.

(2) *Voyez* l'article 24 *ibid.*

(3) *Voyez* l'article 26 *ibid.*

(4) *Voyez* l'art. 2 du décret de janvier 1790. — « Tout moyen de punir le crime est » mauvais quand il porte sur un autre que le coupable. L'infamie et la confiscation qui » s'étendent sur la postérité, étaient donc absurdes. Ce qui est injuste ne peut jamais être » bon ni utile. (Voyez *Lois pénales* de M. de Pastoret, 4.e partie, chap. IX.)

(5) *Voyez* l'article 4 du décret de janvier 1790.

(6) *Voyez* l'article 85 du Code civil.

(7) On conçoit que ce principe, qui n'est que sévèrement juste, put être méconnu dans ces temps orageux de la révolution où la frénésie et la terreur avaient remplacé toutes les idées de justice ; mais la confiscation, que le nouveau Code pénal avait consacrée et qui a été exécutée jusqu'au retour du Roi, suffit pour placer ce code, dans l'esprit des publicistes et des philantropes, bien au-dessous de celui de 1791.

(8) Le décret des 8 et 9 octobre 1789 n'était qu'un transitoire.
Dès le 1.er mai 1790, l'Assemblée constituante décréta les bases de l'organisation du pouvoir judiciaire.

ciers du ministère public, les degrés de juridiction , le mode du pourvoi en cassation contre les jugemens en dernier ressort ; elle supprimait les juges d'attribution ; elle maintenait des tribunaux particuliers pour le commerce ; elle créait les justices de paix, cette magistrature populaire et paternelle qui s'est maintenue intacte au milieu de tous les orages, et qui réunit l'assentiment général ; elle traçait la ligne de démarcation entre l'autorité judiciaire et l'autorité administrative, et assurait leur indépendance réciproque ; elle déterminait les incompatibilités ; elle introduisait dans la procédure criminelle des formes simples et protectrices de l'innocence (1) ; elle soumettait les accusations au jugement par jury, que la nation française réclamait comme un antique héritage de ses pères (2) ; elle publiait un Code pénal et un Code correctionnel remarquables par l'ordre et la méthode qui ont présidé à leur rédaction (3) ; et quoique de grands changemens aient eu lieu depuis dans l'organisation judiciaire, la réunion de toutes ces mesures marque la quatrième grande époque de l'histoire de la législation française.

Le terme de cette époque n'a sans doute été fixé que par la publication des codes qui nous régissent, par l'établissement des cours et des tribunaux chargés aujourd'hui d'administrer la justice, et sur-tout par la Charte que le Roi a donnée à ses peuples au moment où il a recouvré l'antique héritage de ses pères ; mais le commencement se rattache à l'Assemblée constituante, dont tous les travaux relatifs à la législation civile et criminelle ont en général le cachet du génie, et dont les ébauches mêmes excitent la reconnaissance.

Nous n'entreprendrons point de donner ici l'analyse des lois publiées depuis vingt-cinq ans avec une abondance désespérante ; mais les lois générales, celles qui ont introduit successivement une nouvelle organisation judiciaire, celles sur lesquelles repose l'édifice social, celles sur-tout qui règlent la manière de poursuivre les infractions, les délits et les crimes, principal objet de notre travail, nous paraissent

---

(1) *Voyez* la loi du 29 septembre 1791 , portant institution des jurés.
Cette loi fut suivie d'une instruction décrétée le 29 septembre et sanctionnée le 21 octobre.

(2) Il est remarquable que l'institution primitive du jury se rattache à la féodalité, puisque le droit d'être jugé par ses pairs était un privilége des possesseurs de grands fiefs.

(3) *Voyez* la loi du 19-22 juillet 1791 et le Code pénal du 6 octobre 1791.

devoir fixer un moment votre attention, et nous allons les parcourir.

En 1795, le pouvoir judiciaire fut délégué, en matière civile, à des tribunaux de département, juges d'appel les uns des autres (1). Le jugement des matières criminelles fut remis à des tribunaux particuliers (2); le jury fut maintenu par des dispositions expresses (3): la forme de procéder en matière criminelle établie par l'Assemblée constituante (4), et le système de pénalité réglé par ses codes (5), reçurent de légères modifications par la publication d'une nouvelle loi désignée sous le nom de *Code des délits et des peines* (6).

Après une période de quatre années fécondes en lois transitoires, l'ordre judiciaire reçut encore une nouvelle forme : la justice civile fut rendue, dans chaque arrondissement, par des tribunaux de première instance; et indépendamment des tribunaux d'appel, qui, répandus sur divers points du territoire, connaissaient, sur l'appel, des jugemens rendus par ces tribunaux, chaque département avait un tribunal criminel étranger au tribunal d'appel, et chargé spécialement et uniquement de l'administration de la justice criminelle.

En 1811, l'ordre judiciaire fut organisé sur de nouvelles bases : les justices de paix, les tribunaux de commerce, les tribunaux de première instance, la cour de cassation, furent maintenus tels qu'ils étaient; mais les tribunaux devenus depuis cours d'appel ont pris définitivement, au retour du Roi, la dénomination de *cours royales*. Ces cours ont été chargées de rendre la justice au criminel comme au civil; et les tribunaux criminels, ou du moins les cours de justice criminelle ont en conséquence été supprimées.

Tel est, depuis 1811, le système judiciaire en France (7); mais,

---

(1) *Voyez* les art. 216 et 219 de la loi du 1.er vendémiaire an IV.

(2) *Voyez* les art. 233, 234, 235, 236, 244, 245 *et suiv.* ibid.

(3) *Voyez* les art. 237, 238, 239 et 240 ibid.

(4) *Voyez* la loi du 29 septembre 1791.

(5) *Voyez* le Code pénal du 6 octobre 1791, et la loi du 19-22 juillet précédent.

(6) Ce Code porte la date du 3 brumaire an IV.

(7) La Charte publiée par Louis XVIII le 4 juin 1814, au moment du retour des Bourbons en France, n'a apporté aucun changement dans l'ordre judiciaire : les tribunaux existans sont au contraire formellement maintenus par l'article 59, sauf l'institution à donner aux juges, et sauf les mesures qui pourront être prises de concert avec les Chambres pour la réduction du nombre des tribunaux.

dans l'intervalle qui s'était écoulé depuis 1799 jusqu'à 1811, de grands travaux législatifs avaient eu lieu.

Dans tous les temps, les bons esprits ont été frappés de la nécessité de donner à la France une législation uniforme (1).

Charles VII fut le premier qui en forma le projet, et c'est à cette idée qu'on a dû la rédaction des coutumes.

Une ordonnance de ce prince (2) porte que toutes les coutumes (qui avant lui ne subsistaient que dans la mémoire des peuples) seraient écrites et accordées par les praticiens de chaque pays, puis examinées et autorisées par le grand conseil et par le parlement.

Dumoulin assure que ce n'était là qu'un travail préparatoire, et que l'intention du Roi, en fixant et en réunissant les diverses coutumes, était de parvenir à les fondre ensemble, pour n'en faire qu'une loi unique et générale.

Philippe de Commines suppose évidemment le même projet à Louis XI, « lequel desirait fort, suivant cet historien, qu'on usât » en ce royaume d'une coutume, d'un poids, d'une mesure, et que » toutes les coutumes fussent mises en français, *dans un beau livre*. »

Sous Henri III, le président Brisson reprit ce projet. Le président Lamoignon, après de longues et savantes discussions avec les hommes les plus célèbres de son temps, rédigea ses arrêtés. « Il méditait, dit » le chancelier d'Aguesseau, le vaste et difficile dessein de réduire » toutes les coutumes à une seule loi générale » (3).

Cette pensée occupait depuis long-temps les Français; et la nation avait spécialement demandé un Code civil à ses représentans.

L'Assemblée constituante s'était contentée d'en planter, pour ainsi dire, les jalons; et, trop empressée à se séparer, elle avait laissé aux assemblées législatives la confection de la grande loi civile.

L'assemblée qui lui succéda n'avait pas eu le temps de se livrer à des travaux considérables.

---

(1) Philippe-le-Long songeait à établir par-tout un même poids et une même mesure, et à faire en sorte que, dans toute la France, on se servît de la même monnaie. Louis XI eut, depuis, la même pensée.

(2) *Voyez* l'art. 123 de l'ordonnance rendue en 1453, datée de Montil-lès-Tours.

(3) Ces coutumes différaient tellement entre elles, que le même chancelier regardait comme inexécutable le projet formé par Bourjon d'y trouver un droit commun. Beaucoup de ceux qui ont lu Bourjon, sont de cet avis. (Voyez *Législation et Jurisprudence des successions*, livre IV, page 334, de M. Paillet.)

Cette ancienne pensée de plusieurs de nos Rois de France ne fut réalisée que plus tard. Des commissaires dignes de coopérer à ce grand œuvre furent désignés à cet effet: lorsque le résultat de leurs travaux eut été réuni en un projet, toutes les compagnies judiciaires furent appelées à donner leurs observations, dont le recueil fut imprimé (1). Bientôt les différens titres proposés par la commission, et les additions, les suppressions, les modifications demandées par la magistrature, devinrent, au sein du Conseil d'état, l'objet de discussions suivies (2).

Enfin les diverses parties de la législation civile, arrêtées au Conseil, élaborées au Tribunat, soumises à la discussion publique au milieu du Corps législatif, et à l'examen de la nation, au moyen des feuilles périodiques, formèrent, après plusieurs années, un Code civil complet. Ce Code peut éprouver sans doute d'utiles et d'heureuses modifications; mais il est le tribut glorieux des lumières de tout un peuple, et l'on ne peut lui refuser son suffrage (3).

Louis XIV avait publié, comme on l'a vu, de belles ordonnances sur la procédure civile et sur le commerce, ainsi que sur la marine; mais ces réglemens, déjà modifiés par les décrets des assemblées nationales, appelaient des réformes analogues aux institutions nouvelles. Les Codes de procédure civile et du commerce furent en conséquence préparés, discutés, rédigés et publiés avec les mêmes précautions et les mêmes formalités que l'avait été le Code civil.

La procédure, qui a une si grande influence sur le jugement des contestations particulières, est une matière trop aride pour inspirer un intérêt aussi général, aussi vif, que les lois qui règlent l'état civil des hommes et le droit de propriété. Les règles établies par le nouveau Code se rapprochent d'ailleurs beaucoup de l'ancienne ordonnance; c'est sans doute par ce double motif que ce Code a fait beaucoup moins de sensation que le Code civil, et a éprouvé beaucoup moins de contradiction. Cependant, tandis que les bons esprits, ennemis de la chicane, réclament contre une foule de formalités qui s'y

(1) *Voyez* le Recueil des observations sur le projet du Code civil.
(2) *Voyez* le Procès-verbal des discussions du Conseil d'état sur le Code civil.
(3) *Voyez* le discours de M. de Lamoignon, rapporteur de la commission de la Chambre des Pairs, sur le projet de loi relatif à l'abolition du divorce.

trouvent consacrées, et qu'ils regardent comme inutiles et dangereuses, les ennemis de toute innovation rappellent à grands cris
d'autres formalités frappées de suppression, qui leur paraissent admi-
rables par la seule raison peut-être qu'elles existaient autrefois.

Le Code de commerce, qui s'étend au commerce maritime
comme au commerce ordinaire, réunit, en général, l'assentiment
public; mais qu'il nous soit permis d'exprimer ici le regret que le
législateur, en changeant l'ordre précédemment établi, ait attribué
aux tribunaux de commerce le jugement des faillites. Cette innovation nous paraît être une des principales causes des nombreuses ban-
queroutes qui portent le désordre dans le commerce, qui affligent les
négocians probes et instruits, et qui ébranlent à-la-fois la fortune
publique et les fortunes particulières. Il n'est pas difficile de démon-
trer que le négociant en faillite a cessé d'appartenir à la classe des
commerçans; que les affaires de faillite ne sont point des affaires
de commerce, et que, par conséquent, il est contraire à la raison,
comme à la justice, comme à l'intérêt de la société, de faire juger
ces affaires par les tribunaux d'exception que la loi n'a créés que pour
affranchir les discussions commerciales de toutes les formes ordi-
naires inconciliables avec la célérité nécessaire dans les opérations
de commerce.

La publication d'un Code civil, d'un Code de procédure civile
et d'un Code de commerce, fut suivie de celle d'un Code d'instruction criminelle et de celle d'un Code pénal, ainsi que des lois
organiques des cours et des tribunaux, et des réglemens de disci-
pline pour assurer à tout le système judiciaire une marche régulière; et, malgré quelques antinomies apparentes ou réelles, toutes
ces lois, tous ces codes, sont assez bien coordonnés entre eux.

Les législateurs chargés de la rédaction du nouveau Code criminel
et du nouveau Code pénal n'avaient pas à rechercher par-tout,
comme ceux du Code civil, les élémens épars de leur travail, et
à fondre, dans des dispositions générales, des usages et des coutumes
absolument hétérogènes. La loi publiée le 29 septembre 1791 par
l'Assemblée constituante, ainsi que l'instruction en forme de loi
qui l'accompagnait, et le Code des délits et des peines, publié en
l'an IV, offraient des matériaux précieux qui ne laissaient presque
autre chose à faire que de compiler et d'élaguer.

Le nouveau Code d'instruction criminelle a été l'objet d'assez
fortes critiques, et il les mérite a certains égards : la censure, pourtant, ne porte guère que sur des objets de détail, sur quelques articles
imparfaits, sur l'omission de quelcues dispositions jugées importantes;
et il y a si peu de chose à faire pour se conformer aux réclamations
reconnues fondées, que ce travail me pourrait pas mériter le nom d'une
réforme. Peut-être atteindrait-on e but desiré, 1.º en rendant moins
fréquent et moins pénible le service des jurés, ce qui pourrait être le
résultat de quelques dispositions malogues à la loi du 25 frimaire
an VIII ; 2.º en ne traduisant plus devant les cours d'assises, des
enfans au-dessous de seize ans, qu. ne peuvent, en dernière analyse,
être condamnés que correctionnellement, quoique leur discernement
soit déclaré par le jury, et aussi en autorisant les cours à poser la
question de discernement envers es accusés âgés de plus de seize
ans et de moins de dix-huit ; 3.º e 1 accordant aux magistrats (avec
des conditions spéciales) la faculté de présenter aux jurés une question sur les circonstances atténuantes, quoique non exprimées par
la loi, lorsque, dans des cas qui seraient déterminés, la justice semble
exiger qu'au lieu de suivre exactement la disposition pénale, qui est
obligée de confondre sous un mot générique des délits qui ne se
ressemblent ni par leurs noms ni par leurs effets, on puisse établir,
dans l'application de la peine, une gradation proportionnée au caractère de malveillance que le fait renferme en soi, et au dom-
mage qu'il porte à la société ou aux individus offensés.

Mais, en maintenant les grands principes proclamés depuis plus
de vingt-cinq ans, et auxquels on tenterait en vain aujourd'hui
d'opposer de vieilles routines; principes qui suppriment dans tous
les cas la question, qui préviennent les arrestations arbitraires et
inutiles, qui assurent au prévenu les moyens de faire valoir sa
défense et ses moyens justificatifs en tout état de cause; qui, en
matière de grand criminel, ne permettent pas de traduire un individu
en jugement, sans que l'accusation ait été admise ; qui donnent un
défenseur à l'accusé ; qui lui offrent une garantie dans la publicité
des débats; qui, à l'exception de quelques cas, soumettent la question
de culpabilité à un jury ; qui prescrivent de motiver l'arrêt de
condamnation et de citer la loi pénale sur laquelle il repose; qui
assurent au condamné le recours en cassation contre la violation

des formalités prescrites et contre la fausse application de la loi ; qui, en matière correctionnelle et de police , assurent également aux procédures une marche régulière, et à la défense des prévenus tout le développement dont elle est susceptible ; le Code d'instruction criminelle contient tout ce que le jurisconsulte éclairé peut desirer pour la sauvegarde de l'innocence, tout ce que le philantrope peut réclamer en faveur de l'humanité (1) ; et le peuple, dont la législation proscrit avec tant de soin les retards inutiles dans l'instruction des procédures, et les rigueurs de toute espèce envers les prévenus, les accusés, et même les condamnés, ne peut pas craindre de mettre sa procédure criminelle en parallèle avec celle des autres peuples,

---

(1) Deux points blessent pourtant encore les amis de l'humanité :

1.º Le secret de la première procédure ;

2.º Le defaut d'indemnités pour l'accusé reconnu innocent.

Le nom de *sauveur,* ce nom vraiment divin, doit être réservé, disait M. l'avocat général Servan, pour le souverain qui rendra l'instruction criminelle publique dans ses états, et fera juger les accusés par leurs égaux. (*Voyez* les Réflexions de M. Servan sur quelques points de nos lois.)

L'examen des faits et les débats sont publics : voilà l'essentiel.

Le secret de la procédure *préliminaire* est sans doute un mal, si, comme j'en suis convaincu, ce secret n'est pas indispensable. Ceux qui le regardent comme utile, exagèrent sans doute avec aussi peu de raison les inconvéniens que présenterait la publicité des informations, que certains routiniers ont exagéré pendant long-temps ceux de la publicité des débats et de l'institution du jury. Cependant de bons esprits ne partagent point cette opinion; et quoique je la croie fondée, quoique tous les argumens avec lesquels on prétend la combattre me paraissent faciles à détruire, je sens que c'est une question qui peut mériter examen. (*Voyez* , tome I.ᵉʳ de cet ouvrage, pag. 397, à la note 1 , quelques observations sur cet objet.)

Quant aux indemnités à accorder aux accusés reconnus innocens, on est assez généralement d'accord sur la justice de cette mesure, lorsqu'il paraît évident que l'accusé a été poursuivi mal-à-propos: mais il ne suffit pas de reconnaître ce principe; c'est l'application qui en est difficile.

Serait-il convenable d'établir des différences dans la manière d'acquitter un individu dont l'innocence est reconnue par l'unanimité ou par la grande majorité des jurés, et celui qui ne l'est qu'à la faveur du partage, et même par l'effet de la réunion des juges à la minorité des jurés qui ont voté pour lui! Ce moyen paraît d'abord séduisant: mais, pour peu qu'on y réfléchisse, on reconnaît qu'il est impraticable, et qu'il aurait l'inconvénient extrêmement grave d'imprimer une espèce de tache aux individus qui rentreraient dans la société avec un acquittement en quelque sorte conditionnel; on ne tarderait pas d'ailleurs à retomber dans ces formes anciennes du *plus amplement informé*, du *hors de cour, &c.*, que notre procédure criminelle ne saurait admettre, et qu'elle a si sagement proscrites.

Faut-il accorder des indemnités dans tous les cas! cela serait injuste et dangereux. Et comment distinguer les circonstances où les tribunaux devront ou pourront en

et n'a sur-tout rien à envier à cette nation si fière de la libéralité de ses institutions, qui peut se glorifier, il est vrai, d'avoir provoqué l'abolition générale de la traite des nègres, mais qui fait vendre ses femmes au marché comme des bêtes de somme, et qui, à la honte de l'humanité et à sa honte particulière, conserve encore parmi ses lois le barbare usage du jugement de *penance* (1).

La rédaction d'un Code pénal n'était point non plus une entreprise nouvelle : depuis 1791, la France avait vu proscrire l'arbitraire dans l'application des peines (2) ; tous les crimes et les délits reconnus constans avaient été tarifés par l'Assemblée constituante : son code avait été légèrement modifié par le Code des délits et

---

adjuger, de celles où ils les refuseront ! cela paraît difficile. Toutefois je suis porté à croire que cette marche n'est pas impraticable.

L'acquittement est la première indemnité d'une poursuite injuste ou plus ou moins motivée : il semble, au reste, que, dans l'état actuel de la législation, la cour d'assises, par l'organe de son président, a au si les moyens d'ajouter au bienfait de l'acquittement un dédommagement bien précieux, lorsqu'elle est pénétrée de l'injustice des poursuites, en adressant en public quelques mots de consolation et d'encouragement à l'accusé acquitté ; faveur qui sera refusée à ceux dont l'innocence ne sera pas démontrée, quoique la culpabilité ne l'ait pas été.

On peut sans difficulté accorder des dommages-intérêts à celui qui est acquitté, lorsqu'il y a une partie civile.

On pourrait peut-être aussi, sur les fonds provenant des amendes, affecter annuellement quelques sommes à de légères indemnités que les magistrats seraient autorisés à accorder dans les cas, sans doute assez rares, où les poursuites dirigées *d'office* seraient reconnues tout-à-fait mal fondées, et où les accusés acquittés seraient dans un état absolu d'indigence qui réclamerait ces légers secours pour eux ou pour leur famille ; et si, dans les cas mêmes où il y a une partie civile, il paraît souvent conforme à la justice de refuser des dommages-intérêts à celui qu'elle a dénoncé aux tribunaux, il est inutile de faire remarquer que les magistrats seraient nécessairement encore plus circonspects quand l'indemnité à accorder devrait être prise sur les fonds du trésor public. Je suis donc convaincu que, pour consacrer un principe fondé sur l'équité, et pour assurer les moyens d'en faire l'application, la dépense annuelle se réduirait à presque rien ; et, s'il en est ainsi, cet objet doit être pris en considération.— *Voyez*, au reste, sur ce sujet, des réflexions publiées en 1780 par M. Lacretelle ; *voyez* aussi un discours couronné en 1781, sur les moyens d'indemniser l'innocence injustement accusée et punie (*Bibliothèque philosophique*, tomes IV et VIII).

(1) *Voyez* Blackstone, *Commentaire sur les loix anglaises.*

« La législation civile et criminelle (d'Angleterre) est une vieille fabrique de forme » bizarre, incohérente, mais dont les lézardes et les endroits qui menacent ruine, sont » masqués, soutenus, par des ouvrages d'un ordre assez pur ; ce qui a fait regarder comme » beau l'édifice quand on ne l'a pas considéré de près. » (*L'Angleterre vue à Londres et dans ses provinces*, an 1815, page 480.)

(2) Avant le Code pénal de 1791, on jugeait, en matière criminelle, beaucoup plus en vertu d'une tradition qu'en vertu d'une connaissance bien certaine de la loi. (*Lois pénales*, par M. de Pastoret, page 12 des dispositions préliminaires.)

des peines, quant à la répression des crimes politiques, et aussi quant aux contraventions de police; mais une loi postérieure (1), en rangeant dans la classe des délits des faits précédemment considérés comme crimes, avait apporté à ce code des changemens plus importans et sur-tout fort utiles.

La théorie des peines est, sans contredit, un des points les plus délicats et les plus difficiles de la législation. Pour former une échelle proportionnelle, il faut d'abord se fixer sur les deux termes de la proportion des peines. Quelques publicistes ont voulu que les peines ne fussent pas seulement calculées sur l'intensité et la gravité intrinsèque des crimes et délits, mais encore sur la qualité des délinquans, sur la sensibilité, et sur-tout sur le plus ou moins d'alarme que les crimes répandent dans la société. Cette proposition, qui, sous quelque rapport, paraît sage et utile, serait cependant dangereuse dans beaucoup de circonstances; et si, dans quelques-unes, le législateur a fait prudemment de la prendre pour règle, il semble qu'adoptée généralement comme base d'une législation pénale, elle aurait les plus graves inconvéniens, en introduisant dans le système pénal une variété infinie, lors même qu'il s'agirait des mêmes faits; et cette variété donnerait nécessairement lieu à l'arbitraire que l'on s'accorde à vouloir proscrire, mais que l'on introduirait de plus en plus, à force de vouloir distinguer et perfectionner.

Pour juger une action, dit Bentham (tom. II, pag. 266 et 267), il faut regarder d'abord à ses effets, abstraction faite de toute autre chose. Les effets étant bien constatés, on peut, en certains cas, remonter au motif, en observant son influence sur la grandeur de l'alarme, sans s'arrêter à la qualité bonne ou mauvaise que son nom vulgaire semble lui attribuer. Ainsi le motif le plus approuvé ne saurait transformer une action pernicieuse en action utile ou indifférente, et le motif le plus condamné ne saurait transformer une action utile en action mauvaise. Tout ce qu'il peut faire, c'est de rehausser ou de rabaisser plus ou moins sa qualité morale : une bonne action par un motif *tutélaire* devient meilleure; une mauvaise, par un motif *séducteur*, devient pire. Appliquons cette théorie à la pratique. Un motif de la classe des motifs *séducteurs* ne pourra pas

_____

(1) La loi du 25 frimaire de l'an VIII.

constituer un crime; mais il pourra former un moyen d'*aggravation*. Un motif de la classe des motifs *tutélaires* n'aura pas l'effet de disculper, de justifier ; mais il pourra servir à diminuer le besoin de la peine, ou, en d'autres termes, former un moyen d'*exténuation*.

Le but principal des peines, c'est de prévenir des délits semblables (1). L'affaire passée n'est qu'un point; mais l'avenir est infini. Le délit passé ne concerne qu'un individu; mais des délits pareils peuvent les affecter tous (2).

A l'époque où le Code de 1791 avait été soumis à la discussion,

---

(1) *Omnis enim pœna non tam ad delictum qu ìm ad exemplum pertinet.* (Cujas sur le titre *Cod. de pœnis.*)

Le premier objet du législateur est toujours le bonheur et la tranquillité de ses sujets. La sévérité des châtimens que la loi prononce est moins la juste punition du coupable qu'une sage précaution pour prévenir le crime, et une expectative de mort ou d'infamie annoncée à tous les scélérats qui oseraient troubler l'ordre public. (*Voyez* le plaidoyer prononcé, le 11 août 1786, par M. l'avocat général Seguier (page 222), sur le Mémoire imprimé dans l'affaire des nommés Lardoise, Simarre et Bradier.)

(2) Vous voulez, dit Bentham, étudier la matière *des délits*, ce grand objet qui domine toute la législation. Cette étude ne sera, au fond, qu'une comparaison, un calcul de peines et de plaisirs........ Cette théorie des peines et des plaisirs est donc le fondement de toute la science (tome Ier, page 43).

Les mêmes peines, dit-on, *pour les mêmes délits.* Cet adage a une apparence de justice et d'impartialité qui a séduit les esprits superficiels. Pour lui donner un sens raisonnable, il faut déterminer auparavant ce qu'on entend par mêmes peines et mêmes délits. Une loi inflexible, une loi qui n'aurait égard ni au sexe ni à l'âge, ni à la fortune, ni au rang, ni à l'éducation, ni aux préjugés moraux ou religieux des individus, serait doublement vicieuse, comme inefficace ou comme tyrannique. Trop sévère pour l'un, trop indulgente pour l'autre, toujours péchant par excès ou par défaut, sous une apparence d'égalité elle cacherait l'inégalité la plus monstrueuse.

Lorsqu'un homme d'une grande fortune et un autre d'une condition médiocre sont condamnés à la même amende, la peine est-elle la même ! souffrent-ils le même mal ! L'inégalité manifeste de ce traitement n'est-elle pas rendue plus odieuse par l'égalité dérisoire ! et le but de la loi n'est-il pas manqué, puisque l'un peut perdre jusqu'aux ressources de son existence, tandis que l'autre échappe en triomphant ! Qu'un jeune homme robuste et un débile vieillard soient condamnés tous deux à traîner des fers pour un même nombre d'années, un raisonneur habile à obscurcir les vérités les plus évidentes pourra soutenir l'égalité de cette peine : mais le peuple, qui ne sophistique pas sa raison; le peuple, fidèle à la nature et au sentiment, éprouvera le murmure intérieur de l'ame à l'aspect de l'injustice, et son indignation, changeant d'objet, passera du criminel au juge, et du juge au législateur. (Bentham, tome Ier, pag. 73 et 74.) — Bentham, d'après son système, veut que les peines soient appliquées suivant le degré de sensibilité du délinquant, et indique comme des circonstances évidentes et palpables qui représentent les dispositions intérieures et qui peuvent faire apprécier exactement le degré de sensibilité, le sexe, l'âge, le rang, la race, le climat, le gouvernement, l'éducation, la profession religieuse ; et comparant le législateur au médecin, il veut que l'un et l'autre s'attachent à connaître ce qui constitue l'état particulier de chaque individu.

on avait vu des orateurs défendre avec chaleur et avec talent le
système de clémence, si souvent proposé par des publicistes philantropes, d'après lequel ils refusent au législateur le droit de faire
punir de mort son semblable pour un crime quelconque, et con-
testent sur-tout l'utilité de cette peine : cependant l'opinion contraire avait prévalu ; la peine capitale avait été maintenue dans
le Code, en même temps que les peines perpétuelles y étaient
proscrites (1). Quoiqu'une loi du 4 brumaire an IV eût décidé en
principe que cette peine serait abolie à dater du jour de la publication
de la paix générale, il est certain qu'on n'a jamais songé à appliquer
ce principe à la législation, soit que les instans de paix dont la France
a joui depuis vingt-cinq ans n'aient pas permis, à raison de leur
briéveté, de réaliser cette idée philantropique ; soit plutôt qu'aucun
de ceux qui se sont succédés dans l'exercice du pouvoir n'ait voulu
ôter un pareil ressort à l'action des lois répressives.

Je n'examinerai point *les avantages et les inconvéniens* que peut offrir
l'application de la peine de mort ; je ne peserai point les raisons
alléguées de part et d'autre pour combattre et pour soutenir la
nécessité de la conserver dans la législation : je me borne à exprimer
l'opinion que, lorsqu'elle fait partie d'un système pénal, il n'est
pas moins utile dans l'intérêt de l'ordre social, que conforme aux
principes de l'humanité, d'en restreindre l'application à un très-
petit nombre de cas ; et je remarque, bien sûr que cette observation
sera sentie par tout le monde, que la loi qui prononcerait indis-
crètement cette peine pour des crimes qui ne compromettent pas la
sûreté des personnes, serait une provocation légale à l'assassinat,
puisque les coupables auraient un intérêt évident et direct à donner
eux-mêmes la mort pour s'y soustraire plus facilement, et pour
détruire par-là les moyens de conviction qui pourraient guider
l'action de la justice (2). La théorie des peines a souvent été le
sujet des méditations des écrivains les plus distingués ; et c'est
dans leurs écrits qu'on peut et qu'on doit rechercher les argumens

(1) La peine de vingt années de fers était, après la peine de mort, la plus forte que
prononçât le Code pénal de 1791.

(2) Cette observation est encore plus frappante et plus vraie, lorsque la peine de mort
n'est, dans tous les cas, que la privation de la vie sans rigueurs ni supplices accessoires.
Voyez Montesquieu, *Esprit des lois*, liv. VI, chap. XVI.

en faveur de l'indulgence et ceux qui militent pour la sévérité (1).

Quoi qu'il en soit, les rédacteurs du Code pénal actuellement en vigueur en France, loin d'adopter un système de pénalité moins rigoureux que celui de 1791, se sont montrés beaucoup plus sévères. La peine de mort a été appliquée à plus de cas; et les galères perpétuelles, dont la suppression avait été généralement approuvée, ont trouvé place dans leur travail sous le nom de *travaux forcés à perpétuité* (2).

En approuvant le principe qu'un même crime doit être puni de la même peine, ou du moins d'une peine de même nature, quel qu'en puisse être l'auteur, on réclamait contre le défaut de latitude accordée aux magistrats dans l'application des peines, et l'on observait avec raison que le législateur, ne pouvant pas prévoir toutes les circonstances qui modifient ou atténuent la gravité d'un fait, s'expose à être injuste en refusant au juge le droit d'augmenter ou de diminuer la peine dans un cercle déterminé. On doit, sous ce rapport, aux nouveaux législateurs, quelque amélioration dans le système pénal, par la faculté qu'ils ont donnée aux tribunaux d'arbitrer différentes espèces de peines d'après un *maximum* et un *minimum* que la loi a fixé. Mais on reproche, en général, avec raison, à ce nouveau Code d'être trop sévère (3); et en même temps qu'on y

(1) *Voyez*, sur cette question, Rousseau, *Contrat social*, liv. II, chap. V; Montesquieu, *Esprit des lois*, liv. VI, chap. XII, et liv. XII, chap. IV; Mably, *Principes des lois*, liv. III, chap. IX; Filangiéri, *Science de la législation*, liv. III, part. II, chap. V; et le *Répertoire de jurisprudence*, au mot *Peine*. — *Voyez*, d'autre part, Brissot-Warville, *Théorie des lois criminelles;* Nicolas Pinel, *Dissertation sur la peine de mort (Bibliothèque philosophique*, tom. VII); *Plan de législation sur les matières criminelles* (même recueil, tom. V); Beccaria, *des Délits et des Peines*, chap. XVI. *Voyez* sur-tout M. de Pastoret, *des Lois Pénales*, II.e partie.

Toutes les opinions pour ou contre la peine capitale sont examinées et pesées avec autant de sagesse que d'érudition dans ce dernier ouvrage; et l'opinion de l'auteur, qui est entièrement contraire à l'application de la peine de mort, ajoute un grand poids dans la balance.

On peut encore invoquer en faveur du parti de la modération l'autorité du grand-duc de Toscane, de Joseph II, de l'impératrice Élisabeth, et même, jusqu'à un certain point, celle du grand Frédéric, qui voulait qu'on appliquât très-rarement la peine capitale.

(2) Les peines perpétuelles, qui ne permettent pas même l'espérance, et que l'on a ingénieusement comparées à l'enfer du Dante, sont regardées par quelques publicistes comme immorales et dangereuses.

(3) *Voyez* les discours prononcés à la Chambre des Pairs, à l'occasion d'un projet de résolution sur la compétence de cette Chambre considérée comme cour de justice, la forme de procéder devant elle, et les peines à appliquer à ses justiciables, en cas de condamnation.

remarque des lacunes (1), on lui reproche d'avoir replacé dans la classe des crimes, des faits peu graves de leur nature, que l'expérience avait déterminé à ne considérer que comme des délits et à ne punir que correctionnellement; et l'on réclame de toutes parts des modifications à ce sujet (2). On lui reproche d'avoir, par une subversion d'idées et sans égard pour l'état moral et physique d'une fille devenue mère, puni l'infanticide commis dans un instant de délire, au milieu de douleurs aiguës, et souvent sans autre réflexion que celle que produit la honte, comme l'assassinat prémédité, commis avec les circonstances les plus atroces, et d'avoir ainsi, par une injuste rigueur, préparé des impunités scandaleuses.

Quelques personnes lui reprochent aussi d'avoir décerné la peine des travaux forcés à perpétuité contre le vol simple commis sur un chemin public par une seule personne, sans violence, sans aucune circonstance aggravante (3), et ne pensent pas que la nécessité même de protéger la sûreté et la tranquillité des voyageurs puisse motiver cet excès de rigueur.

Ceux qui sentent le prix de la liberté civile, peuvent aussi reprocher à ce Code d'avoir introduit, pour les délits correctionnels, la mise en surveillance ou à la disposition du Gouvernement après l'expiration de la peine, et créé ainsi dans l'État une armée de suspects qui se recrute tous les jours. Beaucoup d'amis de l'humanité lui reprochent encore d'avoir introduit de nouveau des

---

(1) Ce sont, par exemple, des lacunes importantes, que l'absence de dispositions pénales contre les enfans qui se rendent coupables envers leurs ascendans de voies de fait qui ne peuvent pourtant être considérées ni comme des *blessures* ni comme des *coups;* contre les auteurs d'outrages à la pudeur, lorsque les outrages n'ont pas été *publics;* ou d'attentats aux mœurs, lorsque la débauche et la corruption n'ont pas été favorisées *habituellement.* C'est peut-être encore une lacune, que l'absence de dispositions pénales contre ceux qui détournent et soustraient les effets mobiliers *saisis sur eux* en vertu d'actes judiciaires, &c.

(2) Il est remarquable que l'orateur du Gouvernement avança, contre le résultat d'une expérience de vingt ans, que les modifications apportées au Code pénal de 1791 par la loi du 25 frimaire an VIII avaient produit un mauvais effet, et qu'elles excitaient des réclamations. Il avait été un des rédacteurs du Code pénal de 1791; on ne peut attribuer qu'à un excès d'attachement à son ouvrage son obstination à contredire l'opinion alors générale et devenue depuis unanime sur ce point. (*Voyez*, pag. xxxv de cette Introduction, l'observation que nous avons faite à cet égard en parlant du Code d'instruction criminelle.)

(3) *Voyez* l'article 383 du Code pénal.

supplices accessoires de la peine de mort ; et quoique cette aggravation de peine n'ait lieu que pour le crime de parricide, et pour
celui d'attentat à la personne du Chef de l'État, ils n'y voient qu'un
retour dangereux à une législation justement proscrite : mais leurs
craintes à cet égard ne paraissent pas fondées, puisque les crimes
qui sont punis de ces supplices accessoires, portent une atteinte si
grave aux lois de la nature et à l'ordre social, qu'ils doivent former
une exception.

Les reproches que nous venons d'indiquer ne portent que sur la
pénalité même, et le Code pénal a excité aussi des réclamations
sous le rapport de la méthode et du plan suivi dans sa rédaction.

Le Code pénal de 1791 ne comprenait que les crimes ; une loi
particulière avait classé les délits et déterminé les peines qui y
seraient applicables (1). Le Code pénal actuel comprend, au contraire, les crimes, les délits et les contraventions.

Les contraventions, et les peines auxquelles elles donnent lieu, font
l'objet du livre IV de ce Code. Mais le législateur, après avoir fixé,
dans le I.er livre, les peines en matière criminelle et en matière
correctionnelle, et en avoir déterminé les effets ; après avoir désigné, dans le II.e livre, les personnes punissables, excusables ou
responsables pour crimes ou pour délits, a cru devoir présenter
sous un même point de vue les diverses modifications de chaque
fait punissable : il a réuni en conséquence, dans le III.e livre, les
crimes et les délits analogues, et les a définis successivement dans
chaque chapitre. Quelques personnes regrettent l'ancienne division ;
et quoique celle qui a été adoptée en dernier lieu présente des avantages sous certains rapports, on ne peut nier que la première ne
fût plus claire, plus facile à saisir, et plus propre peut-être à prévenir les erreurs dans l'application des peines. Il était sans doute
utile de réunir dans un seul code tous les crimes, tous les délits
et toutes les contraventions, et d'en régler respectivement la peine ;
mais, puisque le législateur a reconnu la nécessité de faire un livre
distinct et séparé pour les contraventions, il semblait naturel de
suivre la même marche pour les crimes ainsi que pour les délits,
et le Code pénal se serait trouvé ainsi plus en harmonie avec le

(1) *Voyez* la loi du 19-22 juillet 1791.

Code d'instruction, qui traite successivement et séparément des tribunaux de simple police, des tribunaux correctionnels et des cours chargées d'appliquer des peines afflictives ou infamantes.

Toutefois le Code pénal de 1810, malgré ses imperfections, est un ouvrage précieux, par cela seul qu'il embrasse toutes les parties du système pénal français, sauf les matières soumises à des lois et réglemens particuliers ; ce qui ne s'entend guère, à proprement parler, que des délits forestiers, des délits de douanes et autres relatifs à la fiscalité : et l'on peut dire avec vérité de ce Code, comme nous l'avons dit du Code d'instruction criminelle, que de très-légers changemens suffiraient pour le rendre aussi parfait qu'on peut le desirer ; car la confusion des crimes et des délits est étrangère à la théorie des peines et à l'échelle proportionnelle, et sera d'ailleurs chaque jour moins critiquée à mesure que l'on se familiarisera davantage avec cette méthode (1).

C'est donc dans cette période d'agitation désignée sous le nom de *la révolution*, que la législation française s'est complétée et améliorée ; et la même observation a été faite à l'égard de la législation anglaise (2). « Ne méconnaissons donc pas les changemens qui peuvent » être à notre avantage, nous les avons payés assez cher (3). » Un Code civil, commun à toute la France, a succédé à ces coutumes nombreuses, source éternelle de mille contestations inextricables. Le mode de procéder en matière civile, le droit commercial, ont des règles sûres, comme la procédure criminelle ; et chaque crime, chaque délit, chaque contravention, a son tarif pénal, qui peut, le plus souvent, être étendu ou restreint par les juges,

(1) L'opinion que nous manifestons se fortifie encore de l'ordonnance du Roi en date du 17 juillet 1816, puisque Sa Majesté, toujours pénétrée de ce principe consacré par sa haute sagesse, qu'*auprès de l'avantage d'améliorer est le danger d'innover*, a ordonné l'exécution des divers Codes, et les a même fait réimprimer en entier, en y remplaçant seulement certaines dénominations qui s'y rencontraient, par les dénominations analogues à nos institutions, et a déclaré, dans le préambule de cette ordonnance, que les réformes dont quelques dispositions de ces Codes pourraient paraître susceptibles, ne peuvent être que l'ouvrage du temps et le fruit de longues méditations.

(2) Pendant les temps de troubles en Angleterre, le droit se perfectionna sur-tout sous le rapport de l'instruction des procès. (*Voyez* Blackstone, chapitre *de l'Origine des lois anglaises.*)

(3) *Voyez* Réflexions politiques de M. de Chateaubriand, page 143.

suivant les circonstances, mais dans un cercle qu'il leur est défendu de franchir.

Ainsi la Charte constitutionnelle forme, d'une part, la loi fondamentale de l'État, établit le droit politique des Français (1); et, de l'autre, la réunion du Code civil, du Code de procédure, du Code de commerce, du Code d'instruction criminelle, du Code pénal, et de quelques lois principales forme une législation complète, et règle en France l'organisation judiciaire et administrative, et les droits de chaque citoyen dans quelque position qu'il se trouve placé.

Ainsi les lois écrites en langue vulgaire appartiennent à la nation toute entière, et ne forment plus, comme autrefois, le domaine exclusif de quelques adeptes auxquels il était réservé d'en interpréter et d'en appliquer presque à leur gré les dispositions, toujours équivoques.

L'inexpérience du simple citoyen a sans doute besoin encore d'être guidée par les lumières des hommes éclairés qui se livrent à l'étude des lois : mais celui qui veut intenter une action, réclamer des droits ou défendre ceux qu'on lui conteste, peut lire et méditer lui-même, dans les Codes français, la disposition sur laquelle il s'appuie ; et plus il est instruit de ses moyens de défense et d'attaque, plus la profession du jurisconsulte en est relevée, puisque le client qui lui confie ses intérêts peut apprécier ses conseils, peser ses argumens, les rectifier quelquefois, et même lui en suggérer de nouveaux (2).

---

(1) L'époque actuelle aura sur-tout cela de remarquable pour la postérité, qu'elle aura donné naissance au renouvellement du pacte social qui existe de droit entre les peuples et les souverains, mais qui se trouve aujourd'hui consigné presque par-tout dans des actes solennels et authentiques, et que le système représentatif aura été généralement reconnu comme la base fondamentale de toutes les constitutions européennes. — *Voyez* la constitution du royaume des Pays-Bas, la constitution du royaume de Pologne, la constitution du royaume des Deux-Siciles, les intentions manifestées par le roi de Prusse, le projet de constitution du royaume d'Italie, le projet de constitution du royaume de Wurtemberg, qui a excité de si vives réclamations de la part des députés de la nation, &c. &c.

(2) L'unité de législation, et la connaissance généralement répandue dans les diverses classes de la société, des lois qui nous régissent, me semblent devoir exercer la plus grande influence sur les progrès des lumières et le bonheur du peuple; mais qu'il me soit permis de consigner ici une observation qui peut mériter d'être approfondie.
L'étude du droit romain doit être et est en effet une des bases principales de l'instruc-

Nous avons donné à cette législation les éloges dont nous la croyons digne, et l'ensemble du système nous paraît sur-tout en mériter; nous avons blâmé avec liberté ce qui nous semble défectueux: nous n'avons pas la prétention d'avoir bien jugé; mais nous avons la certitude de n'avoir écrit que d'après notre conscience.

C'est pour obéir encore à cette impulsion, que nous consignons ici l'expression de notre reconnaissance pour l'abolition définitive de la confiscation, de cette peine odieuse et injuste qui n'aurait jamais dû souiller la législation d'un peuple éclairé, de cette peine qui, comme nous ne le savons que trop, en excitant la cupidité, alimente la soif du sang et la rend pour ainsi dire inextinguible. Grâces soient rendues au Monarque qui, dans la nombreuse nomenclature des crimes, n'en distingue aucun qui puisse motiver une exception, et qui soit de nature à exiger l'emploi de cette mesure, digne des siècles barbares ou des temps révolutionnaires! En vain aurait-on en effet consacré le principe, que les peines sont personnelles comme les fautes, si le crime des pères retombait sur leurs descendans; en vain aurait-on proclamé que l'infamie du condamné n'entache point sa famille, si sa race devait être livrée à l'état de misère et d'abandon, à cet état si voisin de l'ignominie. L'abolition de cette peine vaut elle seule un code entier, et place au premier rang des législateurs le Souverain qui la consacra, qui ne permit pas que, dans une circonstance désastreuse et extraordinaire, il fût porté

---

tion dans nos écoles de droit: mais il semble que c'est sur-tout dans ses rapports avec le droit français que cette étude doit être encouragée, et occuper les méditations des maîtres et des élèves, et que, pour tout ce qui y est devenu étranger, pour tout ce que j'appellerai *la partie historique*, il est inutile et même peu convenable d'exiger que les élèves s'en occupent dans le cours de leurs années d'étude, de manière à pouvoir soutenir des examens sur les titres dont elle se compose; cependant l'expérience prouve qu'il en est autrement.

D'un autre côté, il n'est pas moins certain que l'étude de notre droit criminel est entièrement négligée dans la plupart des écoles, et qu'une foule de jeunes gens qui en sortent pour exercer la profession d'avocat ou même pour entrer dans la magistrature, ont à regretter d'être tout-à-fait étrangers à la connaissance de cette branche de la législation française. Cependant cette connaissance est importante pour le magistrat, pour le jurisconsulte, et même pour le simple citoyen; cependant la loi d'organisation des écoles de droit porte expressément qu'on y enseignera *la législation criminelle et la procédure criminelle*; et pour faire disparaître l'abus que nous croyons être à-peu-près général sous ce rapport dans les écoles de droit, il ne faudrait que tenir la main à l'exécution de la loi qui les a rétablies, et *exiger* que les élèves suivissent le cours de législation et de procédure criminelle, et subissent des examens sur cette partie comme sur le droit romain et sur le droit civil.

atteinte à ce grand principe, et qui a marqué par-là du sceau de la réprobation toute tentative qui aurait pour objet de la faire revivre.

Fiers des garanties que nous offrent la Charte et le système de notre législation, bornons-nous donc aujourd'hui à faire des vœux pour que désormais les institutions françaises, si mobiles depuis vingt-cinq ans, modifiées et détruites chaque jour par des actes prétendus organiques, prennent enfin un caractère immuable, seule garantie de la solidité des trônes et de la liberté des peuples.

Que la France, échappée à l'anarchie féodale, si contraire à nos mœurs actuelles; arrachée au despotisme militaire, qui, pour être moins avilissant, n'en est pas moins insupportable; que la France reprenne une attitude calme, et repousse d'un commun accord toutes les exagérations politiques, source éternelle des plus grands désordres.

Que les Chambres, fidèles à leur mandat, sachent respecter et défendre l'autorité royale sans trahir les intérêts de la nation, si souvent sacrifiés à une volonté despotique.

Que les agens du pouvoir exécutif ne se mettent plus au-dessus de la loi; et que la responsabilité du ministère ne soit pas un vain mot.

Que les administrateurs s'interdisent sévèrement toute mesure arbitraire, ou qu'ils soient signalés à l'instant au mépris et à l'animadversion publics.

Que les tribunaux ne fassent plus fléchir les lois au gré des passions et des circonstances; que le coupable rencontre par-tout des juges sévères; que l'innocence trouve protection dans le sanctuaire de la justice; que les magistrats prévaricateurs soient flétris, mais qu'ils le soient par un jugement régulier.

Que *tous* les Français s'habituent à porter le joug honorable et nécessaire de la loi, et que le sentiment du juste et de l'injuste, en pénétrant toutes les ames, et en imprimant à chacun une pudeur salutaire, écarte loin de l'homme en place toutes les demandes indiscrètes qui ne sont qu'un appel honteux à l'oubli des règles et des devoirs.

Alors la France, libre et heureuse au-dedans, respectée et admirée au-dehors, pourra réparer les maux qui pesèrent sur elle et qu'elle fit peser sur l'Europe entière.

Elle bénira, dans sa prospérité, le Gouvernement paternel qui s'applique à lui procurer de tels bienfaits, et elle montrera avec orgueil les lois qui lui en assureront la durée; car ce ne sont pas aujourd'hui, chez nous, les institutions qui manquent aux hommes, mais les hommes qui manquent aux institutions.

TABLE

ALPHABÉTIQUE ET RAISONNÉE

DES MATIÈRES

DU PREMIER VOLUME.

A

D

E

F

H

I

O

P

Q

R

S

U

V

FIN DE LA TABLE DES MATIÈRES
DU TOME PREMIER.